大脑活力健康的秘密

益智游戏活动指导手册

主编 殷 茜 马达飞
副主编 官莉莉 曾乃燕 李静晔

华龄出版社
HUALING PRESS

图书在版编目（CIP）数据

大脑活力健康的秘密：益智游戏活动指导手册 / 殷茜，马达飞主编；官莉莉，曾乃燕，李静晔副主编 . -- 北京：华龄出版社，2024.7
ISBN 978-7-5169-2767-0

Ⅰ. ①大… Ⅱ. ①殷… ②马… ③官… ④曾… ⑤李… Ⅲ. ①老年人—智力游戏 Ⅳ. ① G898.2

中国国家版本馆CIP数据核字（2024）第097988号

责任编辑	程 扬 彭 博	责任印制	李未圻
责任校对	张春燕		

书　　名	大脑活力健康的秘密：益智游戏活动指导手册	主　编	殷 茜 马达飞
		副主编	官莉莉 曾乃燕 李静晔
出版发行	华龄出版社 HUALING PRESS		
社　　址	北京市东城区安定门外大街甲57号	邮　编	100011
发　　行	（010）58122250	传　真	（010）84049572
承　　印	天津鑫旭阳印刷有限公司		
版　　次	2024年7月第1版	印　次	2024年7月第1次印刷
规　　格	710mm×1000mm	开　本	1/16
印　　张	10.75	字　数	125千字
书　　号	ISBN 978-7-5169-2767-0		
定　　价	88.00元		

版权所有　侵权必究

本书如有破损、缺页、装订错误，请与本社联系调换

编委会

主　　编：殷　茜（米米智康创始人　米米集团创始人）
　　　　　马达飞（米米集团创始人）
副 主 编：官莉莉（绍兴市第七人民医院院长）
　　　　　曾乃燕（上海交通大学医学院　副研究员/硕导
　　　　　　　　　浙江玉安康瑞生物科技有限公司创始人）
　　　　　李静晔（青岛市恒星科技学院婴幼儿照护专业带头人）
策　　划：马达飞（米米集团创始人）
　　　　　朱雪飞（长寿之乡绿色发展区域合作联盟常务副秘书长）
指导顾问：黄岩松（长沙民政职业技术学院）
　　　　　黄碧霞（丽水市老年活动中心）
　　　　　金　艳［宁波幼儿师范高等专科学校（宁波教育学院）
　　　　　　　　　继续教育学院院长　宁波景新老年大学校长］
编　　委：马凯歌（西安交通大学医学部）
　　　　　谢渭根（绍兴市第七人民医院）
　　　　　王德洪（丽水职业技术学院智慧健康养老服务与管理教研室主任）
　　　　　蔡　靓（绍兴市第七人民医院）
　　　　　李添红（绍兴市第七人民医院）
　　　　　叶猛飞（绍兴市第七人民医院）
　　　　　赵明勇（绍兴市第七人民医院）
　　　　　王声滂（绍兴市第七人民医院）
　　　　　马灵亚（绍兴市第七人民医院）
　　　　　冯国华（绍兴市第七人民医院）
　　　　　吴　葵（浙江玉安康瑞生物科技有限公司）
　　　　　钱李艳（浙江玉安康瑞生物科技有限公司）
　　　　　陈嘉玲（乐龄健康研究院）
　　　　　傅佳静（乐龄健康研究院）
　　　　　苏旺华（乐龄健康研究院）
美　　编：刘莎莎（乐龄健康研究院）

保持大脑活力健康的 9 大健智锻炼方法

- 注意力训练
- 判断识别能力训练 
- 记忆力训练  
- 表达能力训练 
- 理解能力训练 
- 计算能力训练 
- 逻辑能力训练 
- 精细活动训练 
- 整体协调训练

前　言

随着社会的发展和人口老龄化的加剧，老年人的身心健康和生活质量越来越受到关注。为了帮助老年人更好地度过晚年，各种老年益智活动应运而生。这些活动不仅可以丰富老年人的生活，还可以提高他们的注意力、记忆力、理解能力、逻辑能力等，保持大脑活力健康。因此，编写一本益智游戏活动指导手册，为老年人提供科学、实用的益智活动指导显得尤为重要。

本书分为脑科学篇、健康篇、游戏篇三个部分。脑科学篇用通俗易懂的语言介绍了智力健康的研究发现，健康篇具体阐述了老年人的身心特点和保持健康的科学建议，游戏篇为老年朋友提供了益智游戏、传统编织、趣味运动三大类简单易行、有趣有益的益智游戏活动，帮助他们度过快乐、充实的晚年生活。通过阅读本书，老年朋友们可以了解到不同益智游戏的背景知识、训练价值、玩法步骤和技巧，从而根据自己的兴趣和需求选择适合自己的活动，轻松上手，享受益智游戏的乐趣。

在本书的编写过程中，我们得到了许多专家、学者和热心人士的大力支持和帮助。在此，我们向他们表示衷心的感谢。同时，我们也希望本书能够对广大老年朋友们有所帮助，让他们在晚年生活中过得更加充实、更加有意义。

感谢您阅读本书，愿您在益智游戏的世界里收获快乐、健康与智慧！

殷茜　硕士

米米智康创始人

序言一

米米智康公司出版的这本书为我们打开了一扇美丽的门。

从这扇门望进去，仿佛看到一座枝繁叶茂、星光闪烁的花园，里面有科学之树的花朵与果实，更有能工巧匠的智慧结晶。在这里，我们重新认识游戏和我们的大脑，开启一段快乐的人生旅程。

大部分成年人，可能从很小的时候就常听到"业精于勤，荒于嬉"这句告诫的话，然后在成长的过程中越来越不敢把太多时间花在玩耍上面，就这样渐渐长大了、习惯了。然而作为科学家的我，对这句话产生了异议。因为我们的"学业、事业"，真的只能用到我们大脑功能中很少的一部分，而那不被认同的"嬉"，却能发挥非常大的补充作用，大大地开发我们大脑的潜能。尤其到了退休以后，没有了"正业"，如何让我们聪明的大脑继续灵活地工作呢？怎么知道它有没有开始偷懒、开始逐渐退化呢？

那就让我们一起进入米米智康公司的这座花园，开始新的游戏人生吧。

人在任何时候，都应该像孩子一样，健康快乐、生机勃勃！

这是我第一次参与出版这类科普性、生活性的书籍，和我已经习惯了很多年的科学论文与科学综述的撰写和审阅有非常大的不同，但也深感有趣。因此，受邀以后便兴致勃勃地写了这个序言，和大家分享我的感受。

曾乃燕 博士

上海交通大学医学院副研究员 硕导
浙江玉安康瑞生物科技有限公司创始人
上海高校特聘教授 "东方学者"
英国剑桥大学医院荣誉临床科学家

序言二

世界人口老龄化速度明显加快，自2015年后，全球老年人口占比增速由每年小于0.1%增至0.2%，人类预期寿命持续延长，预计到2050年全球将进入65岁及以上老年人口占比超过16%的人口老龄化社会结构之中[①]。中国是世界上人口老龄化程度较高的国家之一，老年人口数量多，应对老龄化任务重。中共中央总书记习近平在我国人口老龄化的形势和对策会议上提出："坚持应对人口老龄化和促进经济社会发展相结合，坚持满足老年人需求和解决人口老龄化问题相结合，努力挖掘人口老龄化给国家发展带来的活力和机遇，努力满足老年人日益增长的物质文化需求，推动老龄事业全面协调可持续发展。"[②] 所以，老年是仍然可以有作为、有进步、有快乐的重要人生阶段。我们要积极看待老年人和老年生活，不断提高老年人的生命质量，增进社会和谐。

本书以通俗易懂的语言介绍老年人的脑健康，围绕智力健康、老年人心理、益智游戏、趣味运动等进行阐述汇编，内容丰富，深入浅出，可读性强，帮助老年人提高生活趣味、身体健康及认知功能。在具体内容上，首先介绍了大脑与脑健康的概念及重要作用，列举了诸多科学研究阐明脑健康的相关知识。其次对老年人的生理、心理特征和生活方式进行探讨，总结空间记忆检测、全面电子量表评估及认知功能训练对老年人脑健康的作用。最后详细介绍

---

① 联合国《2022年世界人口展望》。
② 2016年5月27日中共中央政治局就我国人口老龄化的形势和对策举行第三十二次集体学习时的讲话。

专为老年人设计的桌面益智游戏和用法，将认知训练的目标融入其中，让老年人边玩边练，玩出健康大脑。

根据老年人特殊的需求针对性设计的益智游戏，丰富了老年人的娱乐方式、提高了生活乐趣与身体的协调性，也通过精细训练刺激大脑，达到了益智的效果。本书从康养目标、背景知识与玩法详解三个方面详细介绍了每一款老年人益智玩具。希望本书让大家对老年人脑健康有新的认识，希望老年朋友在益智类玩具的陪伴下拥有健康、有趣、和谐的晚年生活。

官莉莉

绍兴市第七人民医院院长 主任医师

绍兴文理学院医学院临床医学部副主任兼系主任 教授

序言三

我们都经历过童年，我们也都会有老去的一天。但儿时的记忆依然藏在我们的内心深处。去年一个偶然的机会让我接触到木制玩具游戏，很快便被吸引，并参与进来玩得不亦乐乎，感受到这就是我们现在和未来都需要的"一老一小"益智游戏。

当今社会，人口老龄化已经成为一个不可避免的趋势和新常态。据2023年数据统计，全国60岁以上人口已接近3亿人，未来随着人们寿命的延长，2050年前后，老年人口很快将超过40%，未来我们很有可能会迎来一个以老年人为主的社会！2023年全国慢性病老年人已经超过1.8亿，其中患认知症（又称失智症或阿尔茨海默病）老年人达1500万以上，全国失能和半失能老年人超过4000万人，未来我们如何积极应对这一挑战，成为我们每个人都需要思考的问题。通过娱乐游戏来改善智力、延缓老年失能、失智症的发生，已经证明是一种非常有效的方法。

米米智康公司出版的这本书从玩的角度，探寻到了大脑的秘密，设计了木制玩具的益智游戏，详细介绍了各种益智游戏的规则和技巧，包括数字游戏、拼图游戏、字谜游戏等。既可以锻炼我们的思维能力，又可以增强我们的注意力和记忆力，提高我们的反应速度和判断力。而且，这些游戏还可以帮助我们缓解压力、放松身心。不仅提升了一小（儿童）的智力，也促进了一老（老年人）的大脑活力，延缓老年失智的时间。

孟子曾说："老吾老，以及人之老；幼吾幼，以及人之幼。"因此，我非常乐意参与并推进这一优秀的模式，也希望各位朋友们能够积极地参与到这个活动中来，通过学习和实践这些益智游戏，提高自己的体能和智力水平，保持健康的身体和积极的心态。不仅仅是"一老一小"，还有所有年轻人也需要参与到游戏活动指导与游戏设计中来，用游戏玩具打造更多的老年、儿童益智"乐龄"游戏空间。这对于我们职业教育来说，是一个巨大的机遇，我们积极参与进来，将通过全国智慧健康养老行业产教融合共同体，在社区与米米智康等企业一起共同打造智慧玩具游戏示范空间，培养大批的社会工作、社区居家和智慧康养服务技能型、技术和管理型人才。大力推动社区基层医疗服务的发展，这些工作将有助于我们减少对医护康养人员的依赖和医保的压力，有助于国家三级医疗服务体系平台的建立，在社会综合治理和社区居家养老中，为积极应对人口老龄化国策，落实银发经济发展政策，做出应有的贡献。这让我们看到了未来社区健康医疗综合服务的曙光。

让我们一起迎接挑战，享受社区健康养老生活的乐趣！

黄岩松

长沙民政职业技术学院医学院教授

国家级教学名师

智慧健康养老专业群带头人

乐龄养生工作室名师

CONTENT 目录

脑科学篇

脑与脑健康	003
智力健康的秘密1：智力曲线	004
智力健康的秘密2：突触	005
智力健康的秘密3：微电刺激	005
如何保持脑的健康与活力	006
什么会让你的大脑更发达、更聪明？	007
揭秘认知症	012
脑健康的精准评估	013
脑健康的精准管理	015

健康篇

什么是健康？	021
老年人的生理特点	021
老年人的心理特点	022
老年人的患病特点	023
老年人良好健康状态的保持	024
益智玩具与老年健康	030
健康养生松弛法	031

目录 CONTENT

益智游戏   034

过目不忘　记忆棋　　　　036
神机妙算　数字翻板　　　　040
百发百中　投石游戏　　　　043
斗智斗勇　蛇棋　　　　　　046
"棋"乐无穷　飞行棋　　　　049
全神贯注　自然分类　　　　053
眼明手快　几何配对　　　　057
柳暗花明　数字迷宫　　　　063
十拿九稳　几何套柱　　　　068
独具慧眼　自然拼板　　　　072
运筹帷幄　中国象棋　　　　076
思维天地　围棋　　　　　　080
手疾眼快　垂钓游戏　　　　084
得心应手　移动魔方　　　　087
慧眼识珠　挪彩珠　　　　　090
记忆犹新　怀旧拼图　　　　094
如意算盘　数字运算　　　　097
手到擒来　大块拼图　　　　100

CONTENT 目录

传统编织　　　　　　　　　　103

传统织布机　　　　　　　　　104
星形编织器　　　　　　　　　106
叉形编织器　　　　　　　　　108
手握编织器　　　　　　　　　110
波浪形编织机　　　　　　　　112
圆形编织器　　　　　　　　　114
垫子编织机　　　　　　　　　116
鼓形编织机　　　　　　　　　118
手链编织器　　　　　　　　　120
圆形针织机　　　　　　　　　123
小型编织机　　　　　　　　　125
长条编织器　　　　　　　　　127

趣味运动　　　　　　　　　　129

弯道弹射棋　　　　　　　　　130
乒乓球　　　　　　　　　　　132
撞击游戏　　　　　　　　　　134
弹射棋　　　　　　　　　　　136
保龄球　　　　　　　　　　　138
台球　　　　　　　　　　　　140
桌上足球　　　　　　　　　　142

目录 CONTENT

一击制胜　投壶　　　　　　　　145

正中下怀　套圈　　　　　　　　147

沙包　　　　　　　　　　　　　149

参考文献　　　　　　　　　　151

脑科学篇

NAO KE XUE PIAN

脑与脑健康

脑健康是指大脑在完整无损的情况下，对来自身体内外刺激产生适当反应和行为活动的能力。大脑从开始发育到成熟再到衰退是一个复杂而又神奇的过程。与动物的脑发育不同，人出生时活动行为没有固定模式，脑内神经细胞各自独立，出生后受到生活环境、教育环境、遗传等多重因素的影响，成熟后的大脑会建立将近100亿个不同的脑回路（神经与神经之间的链接）[1]，有着无限发展的可能，这就是为什么每个人的思考和行为等存在着天壤之别。

脑科学家们对人脑的研究由来已久。目前已经明确的人脑区域分工如图所示，从侧面看，脑分为4个大区域。

额叶：在头部最前方，占据的体积比较大。存在着与日常工作、学习、生活等相关的情感、积极性、创造性的中枢区域。额叶后部有着指挥肢体活动的运动中枢区域。

颞叶：语言、记忆、听觉、嗅觉中枢区域。

枕叶：视觉中枢区域，主要处理眼睛看到的信息，对物体进行辨别。

顶叶：与额叶相邻的区域，是身体感觉中枢区域，各类感觉信息都要在顶叶进行整合，再传递到额叶产生运动。除此之外这里还包括计算、空间认知等中枢区域。

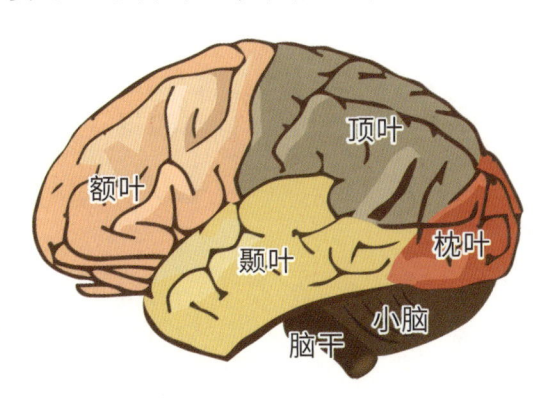

大脑区域分布图

智力健康的秘密 1：智力曲线

0～6岁是智力快速发展阶段；6～25岁为稳步发展阶段；25～60岁是睿智期，但随着用脑程度的变化智力将出现下降的趋势；60岁后，大多数的人在反应速度、记忆和感觉功能等方面会出现迟缓和衰退的现象；80岁以后大脑神经元之间的联系极速消亡，智力或将极速下降。研究表明，40岁以后大脑的体积和重量就开始以每十年5%的速度下降，并且这个速度可能会随年龄增长而加快，特别是70岁之后[2]。

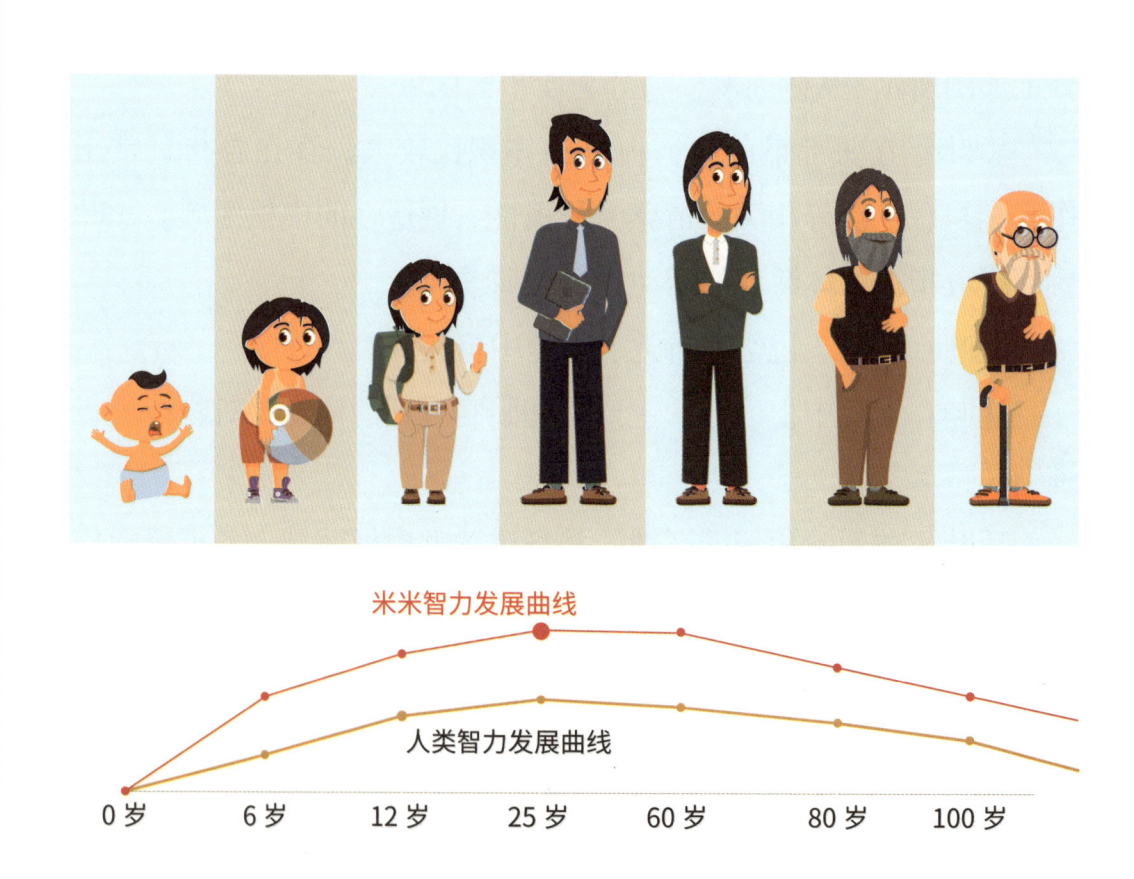

智力健康的秘密 2：突触

突触：一个神经元的冲动传到另一个神经元或传到另一细胞间的相互接触的结构。

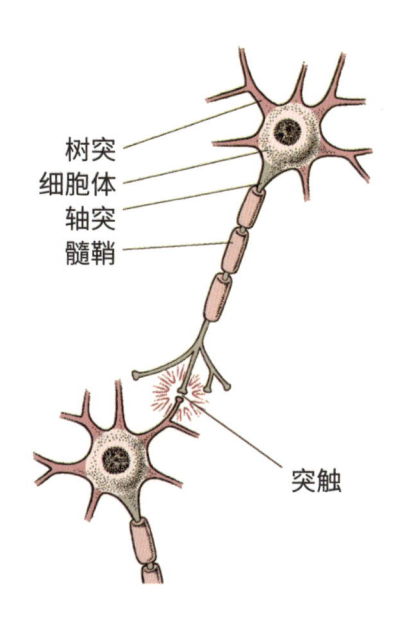

突触是信息传递的关键部位，突触越发达，神经网络信息的传递加工能力越强。

突触数量越多，密度越大，神经网络越发达，人的学习能力就越强，智力活动的水平也就越高。反之，随着年龄的增长，突触出现丢失，神经网络退化，智力水平也会降低。

脑科学篇

智力健康的秘密 3：微电刺激

突触遵循用进废退的规律，通过五感的不断刺激打通突触，可以建立和维持更加发达的神经网络，激活大脑产生更大的活力。

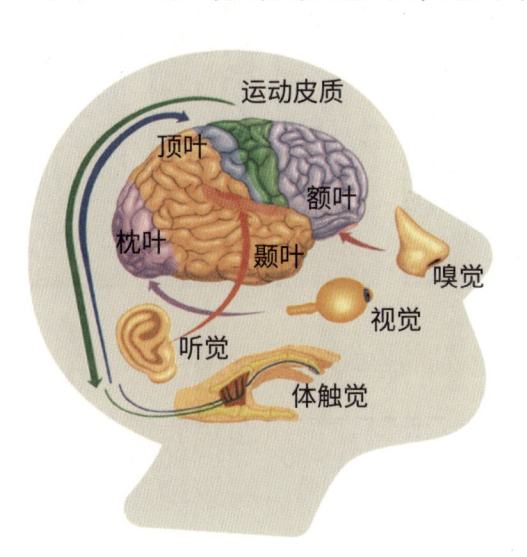

如何保持脑的健康与活力

人的身体需要锻炼，大脑智力也需要有意识地加强锻炼。通过持续、科学合理的大脑锻炼，可以更好地维持大脑神经元连接，提升智力高度，保持大脑活力与智力健康。

人类的大脑有众多形状类似"米"字的神经元，并且通过突触连接形成四通八达的神经元网络。当神经元连接的越多越通畅，智力就越发达，大脑也就越聪明和健康；相反，大脑和智力健康就会受到影响。

婴儿出生时，形状类似"米"字的神经元并未很好连接。通过触觉、听觉、视觉、嗅觉等五感刺激产生神经微电量，由微电量刺激并且连接突触，再由突触来连接一个个中间散开的"米"——神经元。

到了退休年龄后，连接的"米"字的"接头"突触老化退化，连接的"米"字神经网络逐渐松开或断开。从而记忆力、计算能力、逻辑思维能力等智力水平开始不断下降。

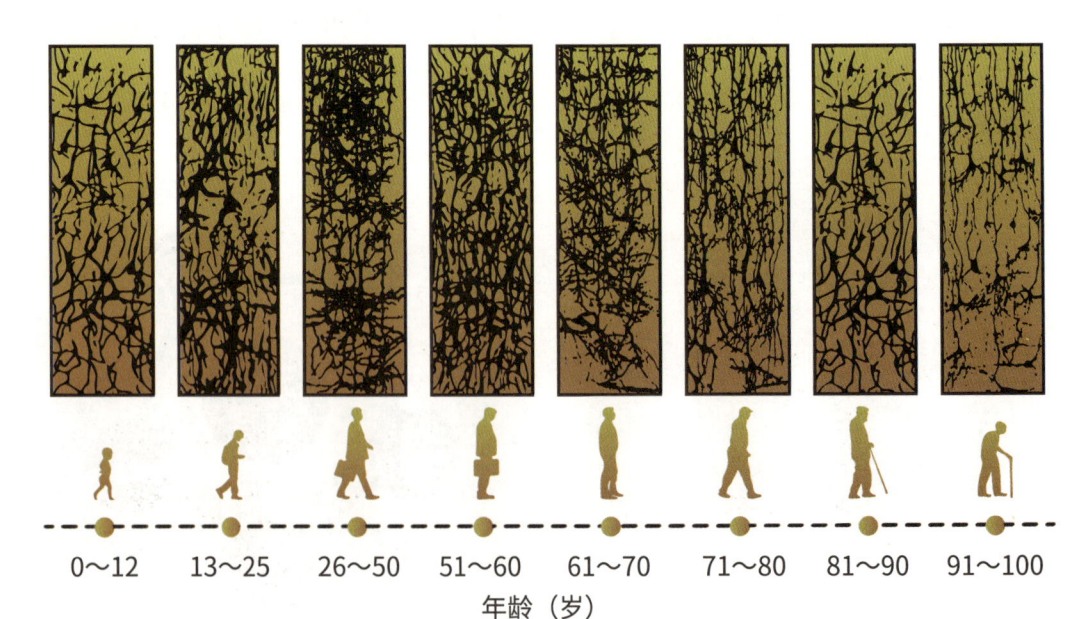

| 0～12 | 13～25 | 26～50 | 51～60 | 61～70 | 71～80 | 81～90 | 91～100 |

年龄（岁）

什么会让你的大脑更发达、更聪明？

科学研究发现 1

20 世纪 60 年代，美国生物心理学家马克·罗森茨威格和他的同事曾做过一个实验[3]。他们挑选了同一窝大鼠，分别喂养在 3 种环境下，测试环境对大鼠大脑发育的影响。

一般环境：第一组大鼠被饲养在平常的实验室笼子里，一笼有几只大鼠，并且有适量的水和食物。

贫乏环境：第二组大鼠被单独放在稍微小一点的笼子里，这里只有水和食物，没有其他任何东西。

丰富环境：第三组大鼠生活在一个可以玩各种玩具的大笼子里，6~8 只大鼠共同生活。

几个月后，马克·罗森茨威格发现，丰富环境中生活的大鼠行为更加活跃，处于贫乏环境中的大鼠则比较"老实"。随后，他们对这些大鼠的大脑进行了分析，发现在丰富环境中生活的大鼠比在贫乏环境生活的大鼠大脑皮层更厚，神经元更大，神经突触大 50%。

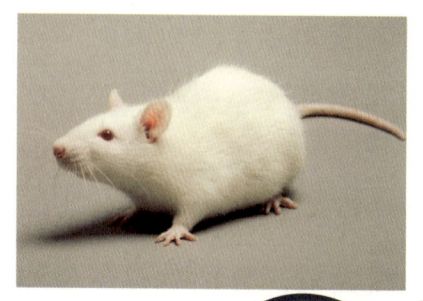

大鼠实验对比

丰富环境中的大鼠神经元　　贫乏环境中的大鼠神经元

马克·罗森茨威格的实验表明：环境越丰富、体验越充分、刺激越多，大脑的发育就越好。

科学研究发现 2

美国伊利诺伊大学的葛林诺教授及其同事曾做过一系列实验来探究神经的可塑性。在一项实验中[4]，他们将 10 个月大的成年大鼠分别放入四种不同的环境，进行为期 30 天的生活。第一组大鼠生活在"杂技房"中，它们要练习穿越一条包含跷跷板、平衡木等障碍物的跑道来获得食物奖励。第二组大鼠生活在"被动运动"的条件下，它们每天要上跑步机锻炼。第三组大鼠生活在"自愿运动"的条件下，它们的笼子带有跑轮，可以随时上去跑步。第四组大鼠住在标准的实验室笼子里，缺少锻炼和学习的机会。

30 天的生活结束后，葛林诺教授团队分析了这群大鼠的脑，发现"杂技鼠"浦肯野细胞（小脑内调节身体运动的一种神经元）的突触数量要显著多于其他几组大鼠，而两组"运动鼠"的突触数量与突触大小跟生活在标准笼子内的不活跃大鼠没有明显区别。也就是说，学习比起单纯的重复运动更能促进脑部发展。

大脑活力健康的秘密　益智游戏活动指导手册

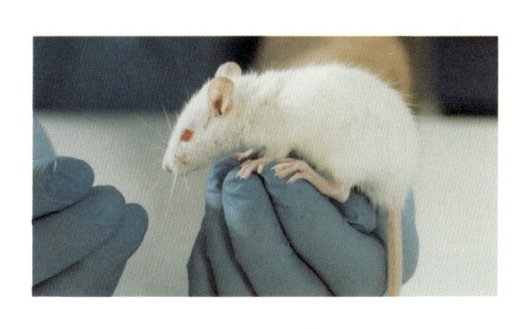

"运动鼠"的大脑血液供应增加，但它们的突触数量并没有增加。

心理学家玛丽安·戴蒙德也赞成经验刺激对于人类大脑发展有着积极作用，并对大脑老化持有乐观态度。她在一次访谈中提到，她曾探访一些 88 岁以后还充满活力的老年人，发现这些老人都充满着好奇心，并且经常思考[5]。正是经常用脑的习惯，让这些超过 88 岁的老年人大脑不易老化。

50 岁以前开始玩成人益智玩具的人，老年痴呆症的发病率只有普通人群的 32%[6]。经常玩益智游戏的人，70 岁时的认知功能更好，并且游戏可以减缓 70～79 岁这个时间段的认知能力衰退[7]。对于老年人来讲，游戏既可以获得乐趣也能增进与他人的互动，相互陪伴。

科学研究发现 3

手的活动会带来大脑的活跃。研究发现，当手指做精细复杂的活动时，脑血流量会增加约 35%[8]。这样不仅可以提高认知能力，还会提高免疫系统功能，促进全身机能的协调和健康，是长寿的秘诀之一。

脑科学篇

科学研究发现 4

大多数的痴呆是逐渐形成的。台湾"中研院"研究人员指出：大脑"淀粉样老年斑块可在患者发病前二十年就开始形成"[9]。所以，需要终生的智力活动来抵御脑部退化的过程和增强神经抵御大脑紊乱的功能。即便出现了脑部疾病的生物迹象，仍能确保大脑的思维清晰。

科学研究发现 5

专家发现，重视脑力活动，多接触新事物，多培养兴趣爱好，多和老友用微信以文字或视频的形式进行聊天，多参与艺术和文化活动，多参与手工、玩牌、下棋等活动，有助于促发多巴胺的释放[10]，防止随年龄增长导致的认知功能下降，降低患痴呆症的风险[11][12]。

快速老龄化　认知症群体扩大

根据民政部、全国老龄办发布的《2022年度国家老龄事业发展公报》，截至2022年年底，我国60岁及以上老年人已达2.8亿[13]。据测算，预计"十四五"时期，60岁及以上老年人口总量将突破3亿，在总人口中的占比将超过20%，我国进入中度老龄化阶段。而到了2035年左右，60岁及以上老年人口将突破4亿，在总人口中的占比将超过30%，进入重度老龄化阶段[14]。

老年人健康状况良好，是实现老年人个人和家庭幸福的基础。

健康老龄化，是积极应对人口老龄化成本最低、效益最好的手段和途径。

阿尔茨海默病

根据《中国阿尔茨海默病报告2022》，我国60岁以上人口中约有1500万认知症患者，其中包括983万阿尔茨海默病患者；2019年，我国阿尔兹海默病及相关认知症的患者数量约占全球患者的25.5%；此外，轻度认知障碍在我国60岁以上人口中的发病率约为15.5%，大量老人深受认知症困扰[15]。

中国老龄协会发布的报告称，预测到2030年，我国认知症患者数量将达到2220万，2050年将达到2898万[16]。随着人口老龄化的发展，认知症的患病人数和患病比例还将不断攀升。在未来，可能每10个60岁以上的老人里就有1个认知症患者。

揭秘认知症

无论是聪明的大脑还是普通的大脑，到了 40 岁左右都会出现衰退现象，脑回路也会慢慢减少，这是人类大脑发育的规律，也叫自然衰退。其中主要的原因是流入大脑的血流量逐年下降，导致脑部神经细胞营养缺失，造成脑细胞数量减少。

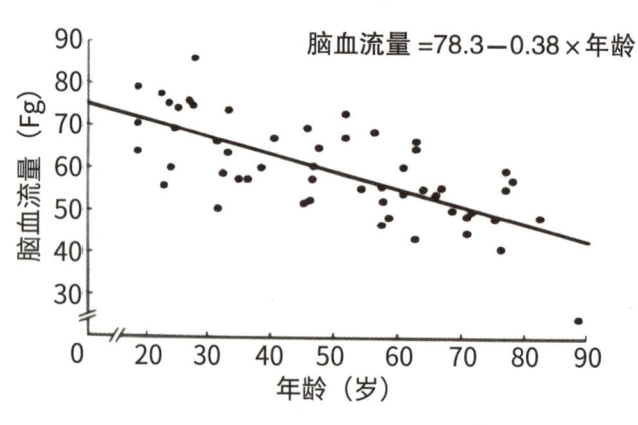

脑血流量=78.3－0.38×年龄

脑血流量与年龄的关系 [17]

随着脑的自然衰退，大多数人通过以往学习到的知识和生活经验，能够一直保持较稳定的脑健康状态和独立生活的能力。但还有一部分人，由于疾病、生活环境、生活习惯，或是遗传因素等影响，会渐渐地出现认知障碍，甚至进一步发展到认知症阶段，其中阿尔茨海默病是最为多见的一种认知症。

正常 → 主观认知下降 → 轻度认知障碍 → 轻度认知症 → 中度认知症 → 重度认知症

认知症发展的各个阶段

目前阿尔茨海默病等认知症在临床上没有特效药物，也没有比较好的治疗方法，所以一旦进入认知症阶段，无论是轻度还是重度，都会给家人和社会带来照护负担。但是国内外诸多研究表明在轻度认知障碍之前，特别是在出现主观认知下降或是更早的时间就进行认知障碍早期筛查[18]，做到早发现、早干预，是可以将我们的大脑保持在一个相对稳定的健康状态的。即便那些携带了遗传风险基因的人，也能通过采取积极的预防和干预措施来达到延缓甚至不会发病的效果。因此，"早期发现"就为我们预防和治疗阿尔茨海默病等认知症提供了绝佳的契机。

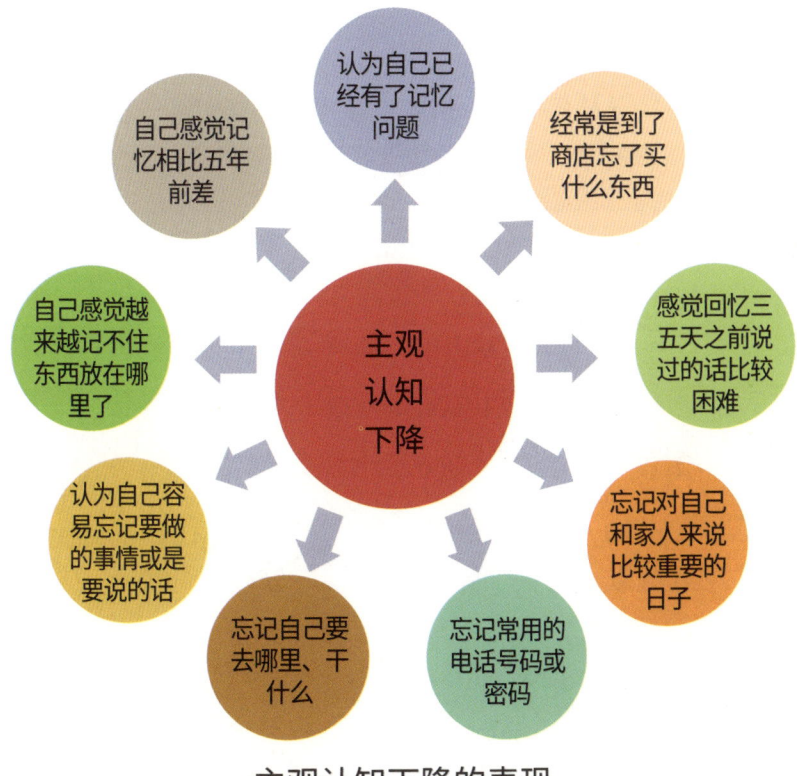

主观认知下降的表现（中心：主观认知下降）：
- 认为自己已经有了记忆问题
- 自己感觉记忆相比五年前差
- 经常是到了商店忘了买什么东西
- 感觉回忆三五天之前说过的话比较困难
- 自己感觉越来越记不住东西放在哪里了
- 忘记对自己和家人来说比较重要的日子
- 认为自己容易忘记要做的事情或是要说的话
- 忘记自己要去哪里、干什么
- 忘记常用的电话号码或密码

主观认知下降的表现

脑健康的精准评估

无论是三四十岁还是六七十岁，一旦感觉自己记忆力出现了问题，首先要做的就是去看医生，进行脑健康评估检查。因为研究发现，有阿尔茨海默病家族遗传史的人，有可能在 40 岁左右就已经进入认知障碍阶段。通过全面的脑健康评估检查以及对评估结果的分析，可以明确是否开始出现脑健康方面的问题，是否有认知障碍或认知症，以及问题的程度、特点和对当下生活、工作可能造成的影响等。同时医生可能还需要重点了解家庭结构、生活经历、职业经历、平时的兴趣和爱好等情况，作为制定日后脑健康提升训练方案、认知症预防干预方案的重要依据。

此外，我们应该鼓励和陪伴有记忆问题或认知障碍的人去看医生，并积极参加评估筛查。在检查评估时有家人或是照护者陪伴，可以有效减轻或避免由于记忆和理解出问题而带来的焦虑和不安。

认知障碍及生活活动能力基本评估内容一览表

测试名称	内容说明	备注
老年抑郁量表（GDS）	共30分，10分及以下正常，10分以上不同程度抑郁。	中重度抑郁者不宜进入其他测试内容，需进行相关治疗。
简易精神状态检查量表（MMSE）	总分30，27分及以上正常，21～26分为认知障碍，20分及以下为认知症。	对轻度认知障碍不敏感。
蒙特利尔认知评估量表（MoCA）	总分30，26分及以上正常，26分以下为认知障碍。	在MMSE基础上开发，对轻度认知障碍敏感。
日常生活活动能力评估	包括基本ADL和工具性ADL。	工具性ADL与早期认知障碍关系敏感，直接影响着个人的生活质量。
视空间记忆测试（SBUT）	共15分，8分及以上正常，8分以下可能已出现认知障碍。	用于早期甚至超早期筛查，对于早期认知障碍灵敏度高。
平衡机能测试	共24分，0分平衡能力充分，1～4分已经开始有跌倒趋势，5分及以上有明显的平衡障碍和跌倒风险。	平衡能力与ADL以及认知机能相辅相成，直接影响着日常的生活质量。
肌肉力量检测（MMT）	分为0～5级，能够抗重力（3级及以上）进行活动的情况下可以进行独立的认知康复训练。	MMT多用于临床康复医学和骨科学，社区及设施中的康复训练中可选择3级（抗重力可完成全关节活动）作为独立康复训练的基本标准。

常见的认知障碍筛查评估测试包括简易精神状态检查量表（MMSE）、蒙特利尔认知评估量表（MoCA）、日常生活活动能力评估（ADL），以及肌肉力量检测（MMT）和平衡机能检查等（参见评估内容一览表）。

无论本人，或是家人、医生、治疗师、护士、照护人员，都应该充分重视脑健康筛查和评估的结果，因为我们的脑健康状况与我们周围每个人的生活质量都息息相关！

脑健康的精准管理

定期参加体检，已经成为今天我们个人健康管理的重要内容。而认知功能筛查与评估可以在早期发现大脑功能下降，在此基础上进行脑健康训练，可以有效提升脑健康，预防和改善认知障碍。因此，这些脑健康的评估和训练活动，也应成为我们个人健康管理的重要组成部分。

用于提升脑健康的训练、改善认知机能的活动，虽然均来源于日常生活，但由于每个人的认知水平、生活活动能力、兴趣爱好不同，每个人适合的活动内容及难度也不尽相同。因此，关于脑健康的维持和提升并不是一个简单的问题，脑健康训练计划要根据评估结果，积极利用认知能力、过往经验以及学习能力，并"投其所好"进行设计，也就是要提供和参加我们感兴趣的，匹配我们能力的作业活动，才能引起我们大脑的兴奋，产生积极参与活动的意愿和行为。这样才是有效的脑健康训练和积极的脑健康管理。

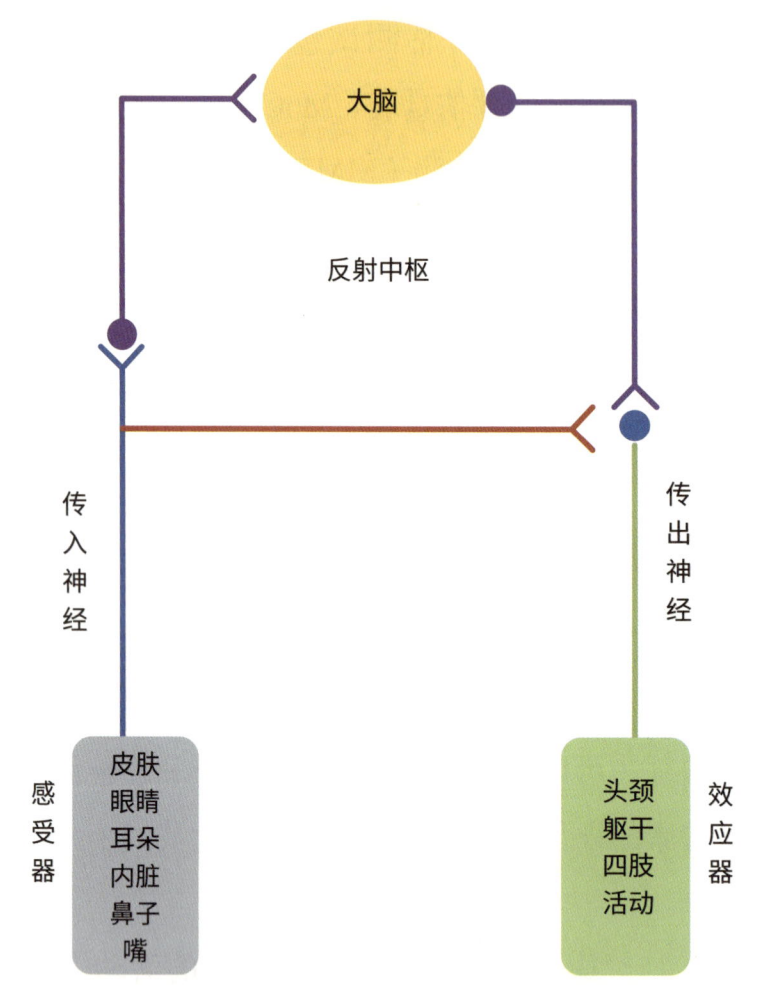

```
                    大脑
                  （反射中枢）

     传                          传
     入                          出
     神                          神
     经                          经

  感   皮肤                  头颈   效
  受   眼睛                  躯干   应
  器   耳朵                  四肢   器
       内脏                  活动
       鼻子
       嘴
```

大脑高级中枢反射弧示意图

大脑活力健康的秘密　益智游戏活动指导手册

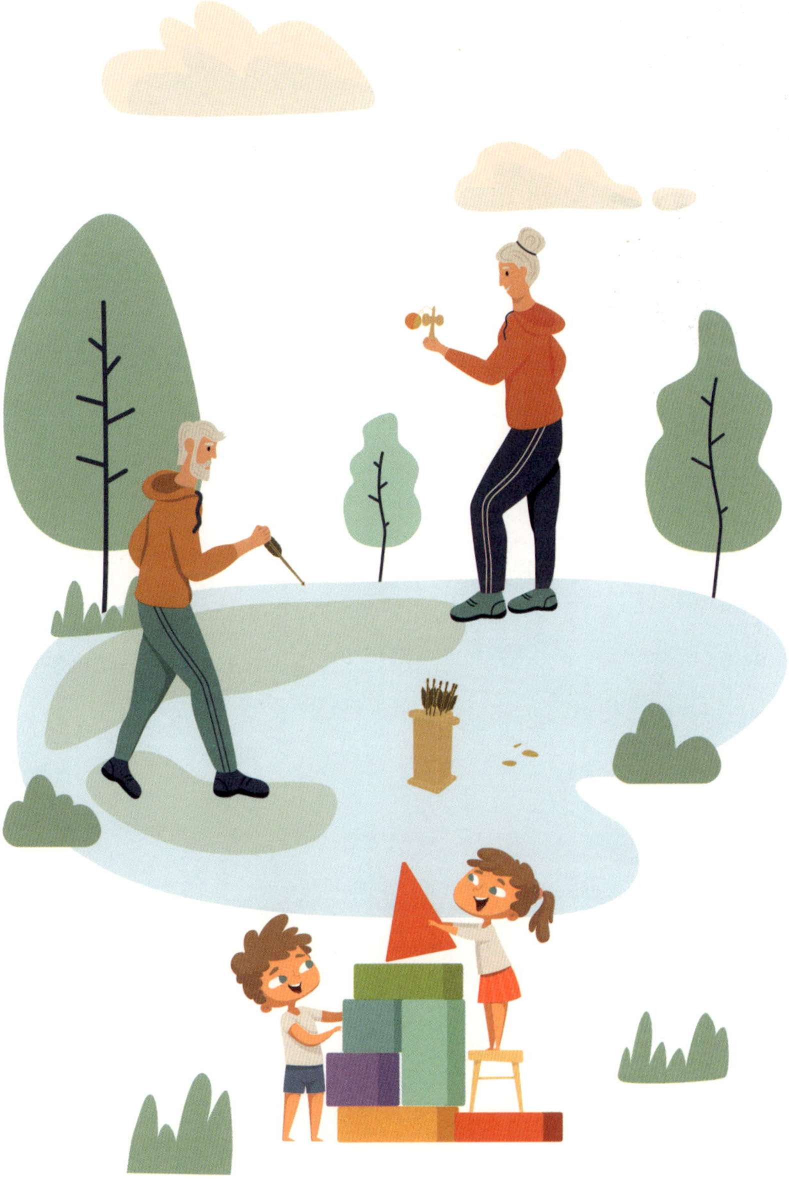

健康篇

JIAN
KANG
PIAN

国务院文件

国发〔2021〕35号

国务院关于印发"十四五"国家老龄事业发展和养老服务体系规划的通知

在老有所养、老有所医、老有所为、老有所学、老有所乐上不断取得新进展,让老年人共享改革发展成果、安享幸福晚年。

国务院

2022年2月21日

健康篇

加强老年用品研发制造。大力开发满足老年人衣、食、住、行等需求的老年生活用品。针对不同生活场景，重点开发适老化家电、家具、洗浴装置、坐便器、厨房用品等日用产品以及智能轮椅、生物力学拐杖等辅助产品，推广易于抓握的扶手等支撑装置以及地面防滑产品、无障碍产品，发展老年益智类玩具、乐器等休闲陪护产品。针对机构养老、日间托养、上门护理等需求，重点开发清洁卫生、饮食起居、生活护理等方面产品，提升成人尿裤、护理垫、溃疡康复用品等产品的适老性能，发展辅助搬运、翻身、巡检等机器人。发展老年人监护、防走失定位等产品。

——国务院《"十四五"国家老龄事业发展和养老服务体系规划》[19]

我国划分老年期的标准 [20]

老年前期（中老年人）45～59岁	老年期（老年人）60～89岁	长寿期（长寿老人）≥90岁

什么是健康？

我们对健康的理解经历了一个不断完善的过程。

在古代，健康有强壮、结实和完整的意思。

1948年，世界卫生组织宪章中首次提出三维的健康概念："健康不仅仅是没有疾病和虚弱，而是一种身体、心理和社会上的完善状态"。1984年，世界卫生组织制定的《保健大宪章》中进一步将健康的概念表述为："健康不仅仅是没有疾病和虚弱，而是包括身体、心理和社会适应能力的完好状态"。1989年，世界卫生组织对健康的定义又加以补充，指出健康应是"生理、心理、社会适应和道德方面的良好状态"。

2022年，国家卫生健康委员会发布的《中国健康老年人标准》明确了健康老年人的定义：指60周岁及以上生活自理或基本自理的老年人，躯体、心理、社会三方面都趋于相互协调与和谐状态。其重要脏器的增龄性改变未导致明显的功能异常，影响健康的危险因素控制在与其年龄相适应的范围内，营养状况良好；认知功能基本正常，乐观积极，自我满意，具有一定的健康素养，保持良好生活方式；积极参与家庭和社会活动，社会适应能力良好等[21]。

老年人的生理特点

体表外形改变：须发变白，皮肤变薄出现皱纹，牙齿松动脱落，骨骼肌萎缩等。

器官功能下降：视觉、听觉等感觉功能下降，心肺功能降低，脑组织萎缩、脑沟变宽、神经细胞数量减少、脑血流量减少、大脑耗氧量下降等。

机体调节控制作用降低： 运动协调能力下降，动作精细度和稳定性减弱，反应速度减慢。记忆力和认知功能衰退，人格改变，生活自理能力受到影响。免疫功能降低，易患各类传染性疾病和非传染性慢性病。

老年人的心理特点

运动反应时间延长

运动反应时间的长短是中枢神经系统功能状态的一种表现，手脚动作的反应时间和移动速度直接取决于任务的复杂程度。与年轻人相比，老年人的反应时间和移动速度较慢；随着任务复杂程度的增加，差异也会增大。在完成每个肢体的准确性动作时，老年人的反应时间几乎是年轻人的两倍[22]。

学习和记忆能力减退

与学习和记忆有关的神经递质随年龄增长而减少，导致学习新事物困难、记忆力差，注意力不集中、注意范围缩小、联想缓慢。

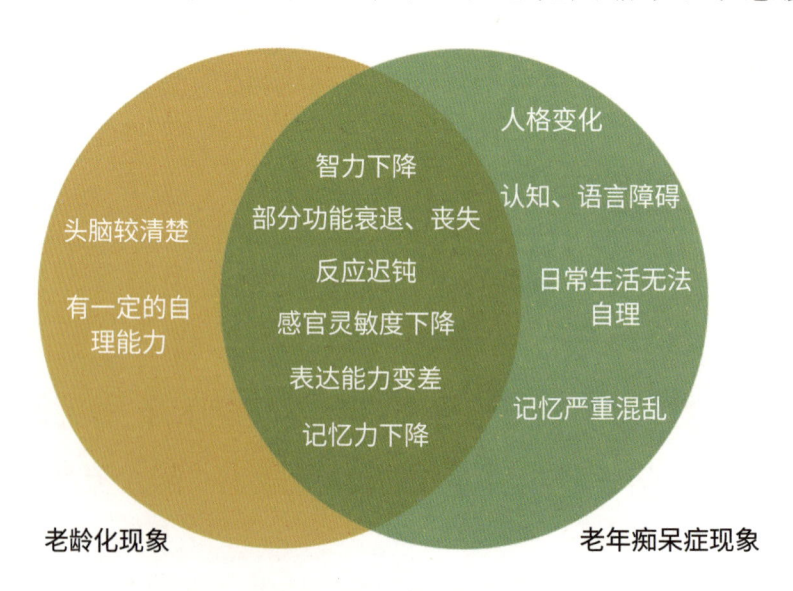

老龄化现象：头脑较清楚、有一定的自理能力

（交集）智力下降、部分功能衰退、丧失、反应迟钝、感官灵敏度下降、表达能力变差、记忆力下降

老年痴呆症现象：人格变化、认知、语言障碍、日常生活无法自理、记忆严重混乱

老龄化与老年痴呆症的特征区分

人格改变

伴随老年人各项功能的衰退,以及他们在家庭、社会中的地位发生改变,老年人很容易出现孤独、多疑、自卑、抑郁、暴躁等情绪问题,陷入特殊的心态。

老年人的患病特点

随着年龄的增长,老年人的心、脑、肾等各个脏器生理功能减退,代谢功能紊乱,免疫力低下,易患高血压、糖尿病、冠心病及肿瘤等各种慢性疾病。

有研究统计,我国60岁以上居民中约有75.8%患有至少一种慢性病,同时患有两种疾病的人群超过三分之一;女性患病率高于男性,城市人群患病率高于农村;随年龄增加,居民慢性病患病率增加,心脑血管疾病、癌症和慢性阻塞性肺疾病是造成中国老年人疾病负担的首要健康问题[23]。

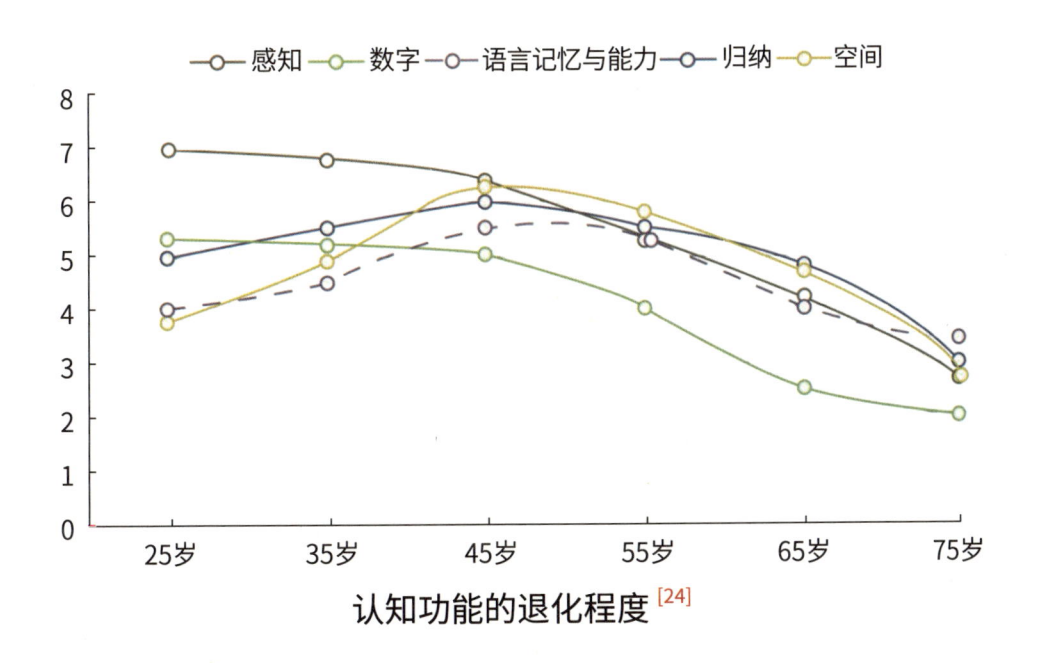

认知功能的退化程度[24]

老年人良好健康状态的保持

- 合理膳食
- 适量运动
- 戒烟限酒
- 心理平衡

老年人如何保持良好的健康状态呢？

建立有序的生活方式： 饮食上保持规律，既定时又定量，避免过度饱食；脑力劳动不应持续过久，应给予自己充足的午休时间，甚至制定一个明确的休息时间表来辅助执行。

养成对健康有益的生活习惯： 保持个人卫生清洁与整洁；在能力范围内尽量自己的事自己做；保持已有的生活及工作技能，如书写、绘画、缝纫等。

丰富生活内容，保持愉快情绪： 心理健康就像是保持我们身体健康的"定海神针"。有句老话说得好，"快活似贴药，忧愁是场病"。当我们能够保持心理平衡时，就等于找到了健康的秘诀。一个人能不能健康长寿，很大程度上取决于他的心态是否积极。不少百岁老人的生活习惯各不相同，但他们都有一个共同点：心胸开阔，乐观开朗，性格温和，心地善良，勤快爱动，情绪稳定。这些都说明了心理健康对身体健康的重要性。

脑健康问题的早期发现——空间记忆检测

英国著名科学家约翰·奥基夫（John O'Keefe）提出的"细胞的空间定位理论"揭示：人和哺乳动物大脑中的海马体细胞具有控制空间定位和空间记忆的能力，该理论也获得了2014年诺贝尔生理学或医学奖。

海马体的健康状况与认知功能息息相关。在认知障碍和阿尔茨海默病中，海马体常常是首先受到影响的部位。随着病情的发展，海马体的损伤会导致记忆力和空间认知能力逐渐衰退，进而影响患者的日常生活。因此，通过评估和监测海马体的功能，我们可以发现认知障碍和阿尔茨海默病的早期迹象，并采取有效的预防和治疗措施。这对于维护大脑健康、减缓认知衰退具有重要意义。

基于"空间定位细胞"理论，英国脑健康专家开发了四山模型测试（Four Mountains Test），用于阿尔茨海默病的早期及超早期检测[25]。该测试已在欧洲、澳大利亚等不同国家的人群中开展测试和应用，是国际前沿的一线预防轻度认知功能障碍和阿尔茨海默病的数字化筛查评估方法之一。

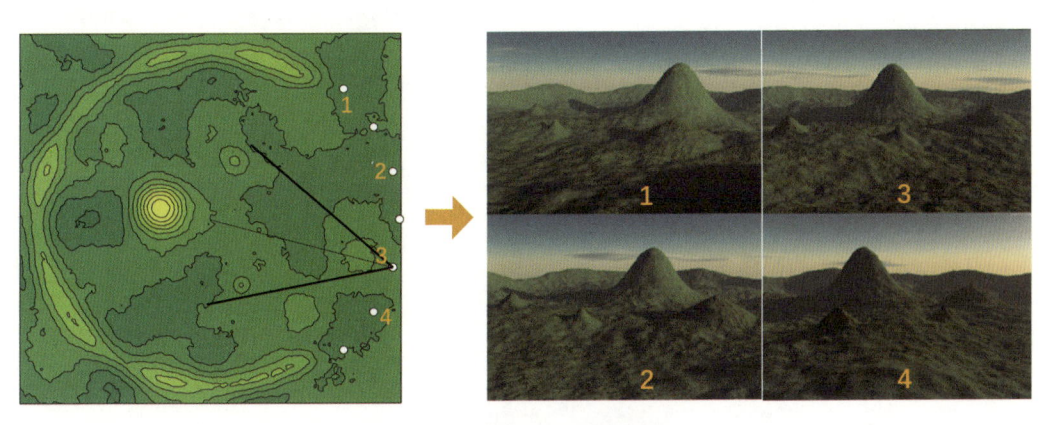

四山模型测试示意图

国内脑健康专家团队在引进四山模型底层技术的基础上进行优化设计，自主研发了数字化的"空间记忆检测"，并且拥有空间记忆检测和四山模型测试在内地及港澳台地区唯一的研究和商业开发知识产权。这项检测以辨识图像为基础，通过数字化的"游戏"方式测试大脑的空间识别与记忆能力，从而对海马体的健康状况进行评估，可用于轻度认知功能障碍和阿尔茨海默病的早期、超早期发现，以及对认知提升训练、干预治疗效果的评估。

空间记忆检测在
老年公寓中的应用

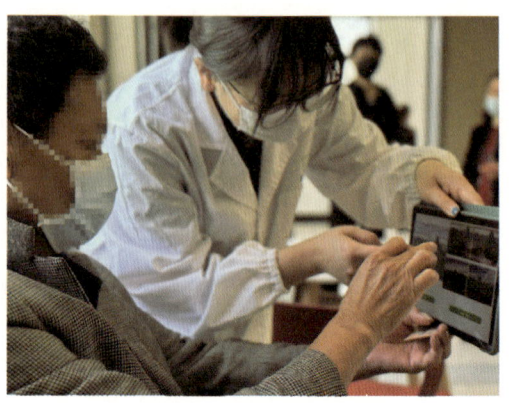

空间记忆检测在
体检筛查中的应用

经过大量研究及真实筛查检测数据的验证，空间记忆检测相比传统量表（MMSE 和 MoCA）检测，被检测者的参与度、配合度和测试完成程度均明显更高。结果证明这项检测不受语言和文化程度的干扰，检测灵敏度和特异性更强。因此，空间记忆检测具有比传统量表更加便捷、专业、准确的优势，并且适合中国各年龄段人群使用。

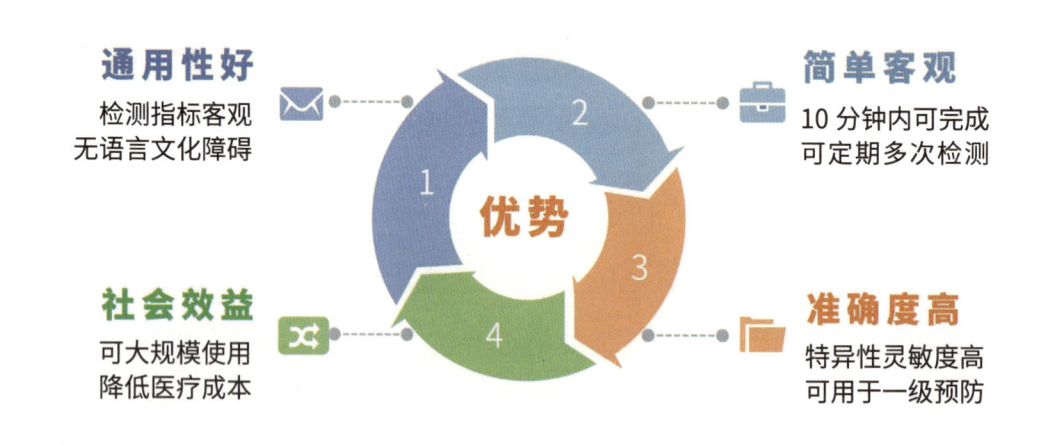

通用性好
检测指标客观
无语言文化障碍

简单客观
10 分钟内可完成
可定期多次检测

社会效益
可大规模使用
降低医疗成本

准确度高
特异性灵敏度高
可用于一级预防

空间记忆检测对于提升脑健康的作用

定期使用空间记忆检测有助于我们了解自己的脑健康情况，及时发现认知障碍和阿尔茨海默病，在疾病未发生前或早期阶段及时采取针对性的脑健康康复训练,提高脑健康水平。

定期进行"空间记忆检测"评估可以监测我们的大脑康复情况,康复治疗师可以根据评估结果针对性地调整提升训练或康复治疗方案,另外其检测结果也可为疾病诊断提供数据支持。

长期使用"空间记忆检测"还能起到锻炼大脑空间认知能力的作用,预防认知障碍和阿尔茨海默病等神经退行性疾病,提升空间记忆与识别能力,提高学习和思维能力,改善集中注意力,保护大脑的健康。

脑健康状况的全面了解——全面电子量表评估

老年抑郁量表(GDS) 贝克抑郁自评(BDI) → 简易精神状态检查量表(MMSE) → 基本日常生活活动能力评估(BADL) → 工具性日常生活活动能力评估(IADL)

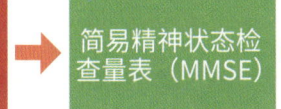

全面电子量表评估

精神认知评估量表是目前国内外较为常用的早期阿尔茨海默病筛查手段,包括 MMSE、MoCA、长谷川痴呆量表(HDS)等。然而传统的纸质量表筛查对专业人员要求过高,在评估过程以及数据分析等方面有诸多不便,影响其在城市、社区的人群中大规模筛查使用。

基于此情况,国内脑健康专家团队研发了数字化"全面电子量表"检测平台。这一检测结合了国内外最新指南和临床、康复专家多年的实践经验和研究成果，能对我们的身体状况、情绪状态以及日常生活能力等进行综合性评估，并在此基础上给予脑健康提升建议。

空间记忆检测利用IT辅助的链式量表（GDS/BDI-MMSE-BADL-IADL）评估技术，降低了评估过程的烦琐程度，减少了专业人员个体执行差异对评估的影响，提高了数据分析的准确性。同时，在国标、省标的基础上进行了补充和细化，建立了符合地方实际情况的统一评价标准，有效提升了量表评估的敏感性和准确性。

此外，平台中加入了康复评估模块，可对基本肢体机能和活动能力、平衡能力、现有日常生活能力、意欲指标等定期进行评估和比对，用以指导脑健康和日常生活活动能力的提升或维持训练的效果。

"全面电子量表评估"对于提升脑健康的作用

全面电子量表是在筛查基础上进行的具体评估，可为预防或干预康复训练提供明确的依据。

定期进行评估，检测训练效果，针对性地调整训练方案，提高训练成效。

了解健康与康复情况，增强自我管理，制订计划，积极参与训练，提高生活质量。

客观、规范化和标准化的检测结果，数字化平台统一储存、分析和长期数据对比管理，可为后续的慢病管理、基层健康管理和疾病预防控制提供脑健康的大数据模型支持。

9 种认知能力提升训练

- 注意力训练
- 判断识别能力训练
- 记忆力训练
- 表达能力训练
- 理解能力训练
- 计算能力训练
- 逻辑能力训练
- 精细活动训练
- 整体协调训练

基于脑科学的非药物干预治疗 [26]

照护专区应体现 8 种及以上非药物干预的不同疗法训练区域。

通过包括色彩、声音、光线、主题装饰等多种手段，突出空间、时间的变化，设置认知训练、作业疗法、五感疗法、运动疗法等相关疗法功能训练区域。

认知训练：注意力训练、记忆训练、思维训练、定向训练等；

作业疗法：生活自理能力训练，各种游戏疗法，手工、美术绘画、唱歌、怀旧疗法，娃娃疗法等；

五感疗法：园艺疗法、音乐疗法、宠物疗法、香薰疗法、戏曲弹琴等；

运动疗法：各种健身操、球类运动、趣味运动、健身器械的使用等。

健康篇

益智玩具与老年健康

益智玩具的精细训练对有认知功能障碍的老年人在动作迟缓、认知障碍、学习困难等方面都有一定的改善作用[27]。

益智玩具对老年人的作用

类别	表现	作用
生理	体能、协调能力下降，知觉、五感不灵敏，器官衰退	在益智的前提下，提高协调能力。材质与造型不能过于尖锐，运动幅度与操作难易降低
心理	焦虑，孤僻，空虚	提升成就感，在配色与材质上需要传达出温暖、积极、舒适的感受

常见的益智玩具

鲁班锁　　　七巧板　　　绕珠串珠

象棋　　　围棋、五子棋　　　数独游戏

九连环　　　　　　　平面滚珠

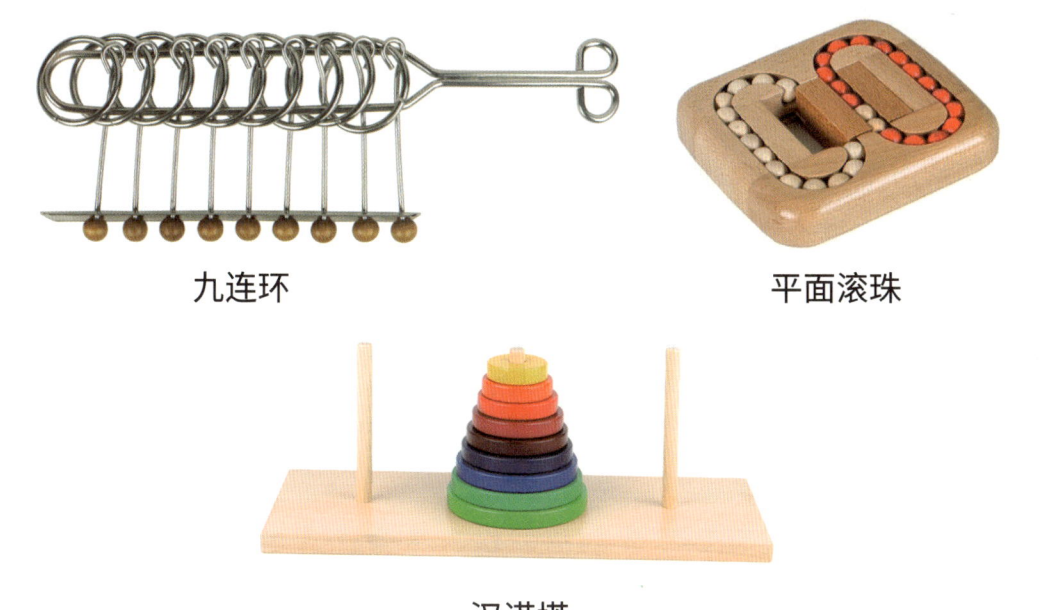

汉诺塔

健康养生松弛法

清醒头脑——鸣天鼓

平静地坐在桌子前，将两肘自然支在桌面，头部微垂，双眼紧闭。接着，将双手掌心紧密贴合双耳，以中指轻敲脑后的枕骨，发出击鼓般的"咚咚"声。每一下敲击，都是一次对思维的激荡，共计30下。

此法不仅有助于缓解头昏耳鸣，更能显著提升思维的清晰度和精神的稳定性[28]。

强化记忆——耳畔轻揉

找一个舒适的姿势，双眼轻闭，用拇指与食指轻轻夹住双耳，拇指在后，食指在前，由上而下，再由下而上，来回轻轻揉捏3~5分钟。

此方法不仅有助于情绪的放松，更能显著增强记忆力。

健康篇

腹式呼吸法

深深地吸气，让气息直达腹部，维持 3 秒的饱满。

再慢慢地呼气，同样维持 3 秒的绵长。

随后，憋气 3 秒，将注意力完全集中在呼吸之上。

重复多次这样的深呼吸，仿佛在与自己进行一场深度的对话。

暗示自己正在吸入新鲜的空气，将疲惫与紧张一起排出体外。

渐进式肌肉放松

从手掌开始，紧握手掌后再放松。

延伸至手臂及手肘，弯曲手臂并紧压，再慢慢放松。

然后是肩膀，耸起并尽量靠近耳朵，再让其自然下垂。

接着是前颈部，脖子仰起，深深地弯向后方，感受紧绷后再恢复自然。

再来到后颈部，深深前倾，让下巴贴近胸部，再慢慢抬起放松。

最后是背部，双手向后拉伸，感受背部的紧绷，再缓缓放松。

每一步都是一次与身体的对话，感受它的紧张与放松，逐渐进入宁静的状态。

与儿童相似，老年人同样需要关怀与陪伴，渴望与人交流、互动。

有医学专家研究发现，接受速度训练的人群相比普通人群，10 年后患痴呆症的风险降低了 29%，并且每增加一次速度训练，患痴呆症的风险就会降低 10%[29]。对于老人来讲，游戏既可以获得乐趣，也能增进互动、互相陪伴。

智康游戏，利用科学且有趣的全脑智力游戏，既动手又动脑，又助于长者保持大脑健康活力。

游戏篇

YOU XI PIAN

益智游戏

益智游戏是一类通过游戏的形式发展感知能力、观察力、记忆力、思维能力、操作能力等多方面能力的游戏活动。优秀的益智游戏兼具功能性和娱乐性，既能锻炼游戏者的手、眼、脑功能，促进游戏者身心健康，又充满乐趣，好玩又耐玩。象棋、鲁班锁、七巧板等都是传统的经典益智游戏。

下面介绍的几款桌面益智游戏专为老年人设计。游戏将认知训练的目标融入其中，让老年人边玩边练，玩出健康大脑。游戏可根据老年人的兴趣和能力水平灵活调整玩法和难度。多人游戏更能促进老年人的社交与表达，提升老年人幸福感。

✦ 多功能组合柜
✦ 多功能游戏桌

益智游戏活动记录表

活动日期	老人姓名	完成项目 玩法——— 难度———	完成时间	活动表现 注意力 专注□ 偶尔走神□ 偶尔注意□ 游离□	活动表现 参与度 积极□ 愿意□ 随意□ 淡漠□	活动表现 情绪状态 兴奋□ 愉快□ 平静□ 低落□	备注	记录人

过目不忘 记忆棋

记忆棋是一款考验空间记忆能力的趣味桌面游戏。

记忆棋由1个带有16个圆孔的棋盘、16个与圆孔配套的圆形手抓板，6张正反面的题卡组成。游戏中，先要将题卡放在棋盘下面，这样玩家拿起手抓板时，就可以看到题卡上的图案。规则要求一次拿两个手抓板，如果翻开看到的图案相同，即配对成功，可以继续翻下一对手抓板；如果翻开看到的图案不同，则配对失败，需要放回手抓板，重新翻两个图案，翻开的位置可以与上一次有重复。这样重复拿起手抓板翻图案，直到所有图案都配对成功，游戏结束。游戏可以计时，比较每次游戏中的进步。

一、康养目标

9大健智锻炼：

- ☐ 注意力训练
- ☑ 判断识别能力训练
- ☑ 记忆力训练
- ☐ 表达能力训练
- ☑ 理解能力训练
- ☐ 计算能力训练
- ☐ 逻辑能力训练
- ☐ 精细活动训练
- ☐ 整体协调训练

功能目标：

1. 动手动脑，活跃思维，激发脑部思维能力。
2. 精打细算，进退自如，锻炼计算和空间能力。
3. 休闲娱乐，竞技互动，提升生活社交能力。

大脑活力健康的秘密 益智游戏活动指导手册

二、背景知识

记忆力减退往往是人们感受最明显的衰老症状。老年人对文字、图片以及空间位置等的记忆能力有着明显衰退，这会让老年人学习新事物以及计算、阅读等活动变慢。有时候我们和老人说话，话一长，老人就听不明白了，这也是因为他们还没理解、记住前半句，后半句就来了，跟不上整句话的意思。

偶尔感到记忆困难或者忘事并不需要过分恐慌。相反，过分担心自己记忆变差可能会引发焦虑、沮丧等情绪，甚至干扰老年人的正常睡眠，影响老年人的身心健康。但如果健忘、丢三落四的现象频繁发生，经常抱怨记忆力变差，甚至出现生活自理上的困扰，就要引起家人的重视，及时寻求专业的诊断和干预。

积极的社交活动、充足的体育锻炼、均衡的营养摄入以及稍有挑战性的认知训练都可以抵御记忆衰退和痴呆风险。

记忆棋就是一项充满趣味的记忆锻炼。在记忆棋游戏过程中，玩家需要记住每一个位置上有什么图案，因此该游戏主要考验了玩家的空间记忆能力。此外，辨认图形、拿取手抓板也需要玩家具有正常的视知觉能力和动作协调能力。

三、玩法详解

通过改变题卡，可以调节游戏的难度。难度从一星到六星不等。玩家可以根据自身情况和想要着重练习的方面选择合适难度的题卡进行游戏。

玩法一：连连看

本玩法需要玩家辨别和配对题卡上的图案，并说出它们的名称，主要考察玩家的视知觉能力、反应速度和注意力，可以作为记忆游戏前的热身准备环节进行，帮助玩家熟悉题卡和配对规则。

游戏时，先将一张题卡放在棋盘下面，打开所有手抓板，让玩家可以看到所有的图案。玩家需要观察图案，用手指依次指出可以配对的图案，越快越好。

一星到三星难度的题卡上分别有数字、颜色、形状、交通工具、生活物品、动物、蔬菜、水果，并且同样的图案有两个，主要考察图形匹配能力。

五星、六星题卡中，配对的图案不同，玩家需要将完整的水果和切开的水果配对，将若干个物体和它们的数量配对，将动物的不同生长阶段配对，将动物和相关的食物配对。这些配对不是图形的简单匹配，而是要进一步理解它们之间的关系，因此难度更高，进一步考察了玩家对这些物品的辨别和推理。

随着难度等级的提高，题卡上的图案数量也会提高，增加了对判断的干扰，可以锻炼玩家注意的广度和集中程度。

玩法二：单人记忆挑战

本玩法为单人玩法。

游戏时，先选择合适的题卡放在棋盘下，用手抓板盖上所有图案。玩家需要一次翻开两个图案，记忆图案位置。若翻开的图案匹配，则保持图案翻开的状态，继续翻下一组；若翻开的图案不匹配，则盖上手抓板，重新翻两个图案。直到所有图案被翻开，挑战成功。

每次挑战，可以记录挑战完成的时间，与同伴对比，或比较每次挑战的进步情况。

玩法三：多人记忆比拼

本玩法为多人玩法，推荐 2 人进行。

游戏时，先选择合适的题卡放在棋盘下，用手抓板盖上所有图案。参与游戏的玩家猜拳决定先后顺序，依次轮流翻开手抓板，一次翻两个。若翻开的图案匹配，则得到这两个手抓板，并可以再翻两个新的手抓板；若翻开的图案不匹配，则把两个手抓板放回，换下一个人翻板。当所有图案都翻完后，游戏结束，获得手抓板最多的玩家获胜。

神	机	妙	算
数	字	翻	板

数字翻板是一款主要锻炼数学计算能力的益智游戏。它由棋盘四周写有数字1~12的数字木牌和两个骰子组成，可供1~4名玩家游戏。

数字翻板的基本玩法是：投掷两个骰子，计算结果，再选翻数字木牌，用木牌上的数字表示这个结果。根据玩家的水平，可以规定加减运算、四则运算规则调节游戏难度，锻炼玩家的运算能力、反应速度和思维的灵活性，也可以继续创造更多变形，丰富游戏乐趣。

一、康养目标

9大健智锻炼：

- ☐ 注意力训练
- ☑ 判断识别能力训练
- ☐ 记忆力训练
- ☐ 表达能力训练
- ☐ 理解能力训练
- ☑ 计算能力训练
- ☑ 逻辑能力训练
- ☐ 精细活动训练
- ☐ 整体协调训练

功能目标：

1. 精打细算，灵活思考，锻炼数学计算能力。
2. 动手动脑，眼明手快，提升思维反应速度。
3. 休闲娱乐，竞技互动，提升生活社交能力。

二、背景知识

纵观整个成年期，数字计算能力会保持稳定或稍有提高，一直到40多岁才达到顶峰，直到67岁之后才会出现显著下降。因此我们会看到，很多老年人虽然计算速度不比年轻人，但外出购物计算金额，预算决算处理财务时依然头脑清晰，这也是老年人认知能力健康的表现之一。

一个简单的计算问题经常被用来测试老年人的计算能力：请用100连续减7，说出答案是多少（93、86、79、72…）。受过一定教育的人，如果不着急慢慢算，计算这样的数字加减法并不算困难。但如果大脑功能出了问题，机能衰退比较快，往往就会算不明白，总是算出一笔糊涂账。这时，锻炼计算能力就很有必要了。

生活中，老年人就可以利用日常购物、处理财务等机会有意识地锻炼自己的计算能力。此外，一些富有趣味的社交游戏，如下棋、打牌，以及其他益智桌游，也会需要进行大量计算，锻炼我们的计算能力。经常参与这类游戏，可以活跃思维，玩出健康大脑。

三、玩法详解

数字翻板的玩法多变。下面列出的玩法一到玩法四难度逐级递增，玩家可以根据自己的兴趣和能力循序渐进，选择合适的规则进行游戏。

玩法一：加法计算翻板

在棋盘中央投掷两个骰子，快速算出两个骰子上点数相加的和，再翻对应的数字木牌进行表示。

如，投出点数3和4，就要算出3+4=7，再翻数字7，同时大声说出3+4=7。

游戏可以单人进行，也可以2~4人比赛，翻板又快又正确的获胜。

玩法二：加减法翻板

在棋盘中央投掷两个骰子，快速算出两个骰子上的点数之和，

游戏篇

041

然后选翻数字木牌，所翻木牌的数字经过加法或减法运算后必须等于骰子的得数。翻牌时需大声说出计算过程。

如，投出点数3和4，点数之和为7，则可以选翻数字2和5（2+5=7），也可以选翻数字1、2、4（1+2+4=7），还可以选翻数字2和9（9-2=7），等等。

游戏可以单人单独进行，也可以2～4人比赛。按照投骰子、计算、翻板的规则连续进行，但每个数字木牌只能翻一次。最先翻完所有数字木牌的一方获胜，无牌可选、不能再续之时，即为失败。

玩法三：四则运算翻板

玩法三与玩法二类似，但所翻木牌的数字可以经过任意加减乘除的运算后等于骰子的得数。

如，投出点数3和4后，还可以选翻数字1、7（1×7=7），1、2、3（1+2×3=7），1、2、12（12÷2+1=7），等等。

参与游戏的玩家除了需要准确计算，还需要灵活选择运算方式，有策略地翻板，尽可能用上所有数字木牌。

玩法四：双变四则运算翻板

玩法四不仅允许翻板计算时使用四则运算，还允许在骰子计算时也使用四则运算。

如，投出点数3和4后，除了用加法计算出7，还可以用减法计算出1，寻找可以算出1的木牌，或是用乘法计算出12，选翻可以算出12的木牌。因此这个玩法中，可以翻板11、12（12-11=1），1、2、3、6（1+2+3+6=12），等等。

本玩法进一步增加了难度，着重锻炼多种策略组合兼顾，快速灵活应对的能力。因为难度略高，可以根据玩家的能力和接受程度，选择性进行。

百发百中 投石游戏

投石游戏是一款锻炼空间定向能力的趣味桌面游戏。它由 1 个棋盘，3 个不同大小的正方形木框，红色、黄色、蓝色、绿色四种颜色的棋子各 20 个组成。棋盘四周各有一个可以发射棋子的弹簧夹。弹簧夹弹射的方向可以改变，颜色与棋子对应。游戏可以 1~4 人进行。

一、康养目标

9 大健智锻炼：

☑ 注意力训练　　☐ 判断识别能力训练　　☐ 记忆力训练
☐ 表达能力训练　☐ 理解能力训练　　　　☐ 计算能力训练
☐ 逻辑能力训练　☑ 精细活动训练　　　　☑ 整体协调训练

功能目标：

1. 把握距离、朝向等空间信息，提升空间定向能力。
2. 手眼协调，灵活操作，锻炼大脑协同配合能力。
3. 敏锐观察，大胆行动，锻炼观察力和注意力。

二、背景知识

空间定向是一个人在环境里正确辨别方向的能力。人上了年纪，可能会不愿意出远门，害怕去陌生的地方，还有的人会记不清熟悉的路线，这都是空间定向能力出现了衰退。空间定向能力的下降预示着大脑机能的减弱，其中，阿尔兹海默病患者，也就是我们常说的老年痴呆症患者的空间定向能力丧失得尤为明显。他们经常会找不到回家的路，这为他们自身和亲人都带来了巨大的麻烦和痛苦。

测试和锻炼空间定向能力的方法很多。除了让老年人在户外活动，实际寻找方向外，还可以让老年人辨别物体之间的空间关系，判定物体的位置、方向、距离等。在投石游戏中，老年人就要正确判断棋子和目标的空间关系，把握好距离，做到"百发百中"，因此这项游戏可以锻炼老年人的空间定向能力。此外，老年人在游戏中也需要保持专注，灵活运动手指，既动手又动脑，综合提升了专注力、观察力、手眼协调能力等多项能力。不仅如此，投石游戏还适合多人游戏，轻松愉快又有一定的竞技性，可以促进老年人互动交流，提升老年人的社交水平，加深同伴友谊。

三、玩法详解

投石游戏可以单人挑战练习，也可以多人竞赛比拼。

玩法一：单人玩法

选择一个正方形木框，放在棋盘中央正方形框线的位置。计时3分钟（也可以根据实际情况调整时间），用棋盘边上的弹簧夹弹射棋子，将尽可能多的棋子弹射到木框中。计时结束后，计算木框内的棋子数量，数量越多越好。玩家可以记录每次挑战的成绩，比较每次的进步。

正方形木框有三种大小，木框越小，弹射难度越大。因此玩家可以根据自身情况选择合适的难度进行挑战，从易到难，循序渐进，增加挑战的成就感。

玩法二：多人玩法

2～4人可以进行竞赛玩法。

开始游戏前，棋盘四周各坐一名玩家，每人拿取和面前的弹簧夹相同颜色的棋子，放在一边。玩家共同商定，选择合适大小的正方形木框放在中间。游戏的任务就是要在规定时间内（如3分钟），利用弹簧夹向木框里投射尽可能多的棋子。游戏过程中，玩家可以拿取投射失败的棋子反复投射，直到成功，但不可以动其他玩家的棋子。计时结束后，玩家不可以再动弹簧夹或棋子。大家共同计算木框里每一种颜色的棋子的数量，哪种颜色的棋子最多，哪一方获胜。

除了一般的多人竞赛，玩家还可以自行商定规则，进行游戏。比如，四名玩家可以两两一队，相互配合，最后计算每队的得分，得分高的队伍获胜。

斗智斗勇蛇棋

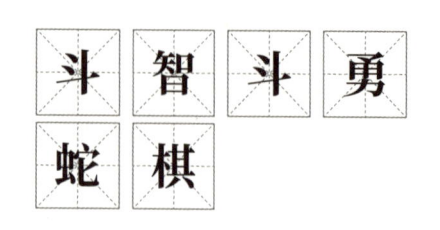

蛇棋，又叫蛇与梯子，是一款起源于古印度的经典棋类游戏。游戏包含1个正方形棋盘，4个不同颜色的棋子和1个点数为1~6的骰子。游戏适合2~4人进行，每人各拿一个不同颜色的棋子放到起点位置，之后轮流投掷骰子，根据投出的点数前进相应的步数。棋盘上绘有多条长短不一的蛇和梯子，如果棋子走到蛇头的格子，就要顺着蛇身下滑到蛇尾所在的格子；如果走到梯子下端的格子，则可以顺着梯子爬到梯子上端的格子。

一、康养目标

9大健智锻炼：

☐ 注意力训练　　☑ 判断识别能力训练　　☐ 记忆力训练
☐ 表达能力训练　☑ 理解能力训练　　　　☑ 计算能力训练
☐ 逻辑能力训练　☐ 精细活动训练　　　　☐ 整体协调训练

功能目标：

1. 动手动脑，活跃思维，激发脑部思维能力。
2. 精打细算，进退自如，锻炼计算和空间能力。
3. 休闲娱乐，竞技互动，提升生活社交能力。

二、背景知识

随着年龄增长，老年人可能会抱怨自己水电费算不清楚了，出去办事记不清路了，这都是因为他们的计算能力和空间能力出现了衰退。正常的衰退不会给老年人带来太大的困扰，但要是老年人频繁抱怨算不清数，找不到路，就需要家人引起重视了。如果不及时进行干预，这些衰退的表现就会越来越严重，影响老年人的生活自理。

休闲轻松的蛇棋游戏正好可以锻炼玩家的空间能力和计算能力。

蛇棋游戏起源于古印度，拥有悠久的历史，也深受世界各国人民的喜爱。游戏进程由抛掷骰子决定，主要比拼了各个玩家的运气，蕴含了古代印度人对于因果的哲学思考。其中，梯子代表美德，蛇代表恶习，终点代表着精神的升华，整个游戏模拟了人生的旅程，说明人生总有起起伏伏。紧张刺激的游戏背后，暗含着劝人向善，坦然应对人生的智慧。

同时，蛇棋游戏也需要玩家活用计算和空间能力。

在游戏过程中，玩家需要计算骰子的点数，还要将这个点数和前进的步数对应起来，走出正确的步数，这就锻炼了数学计算能力。棋子前进的方向不能搞反，还要辨别遇到的是蛇还是梯子，根据规则往下滑或往上爬，这锻炼了玩家的视觉空间能力。

除了激活智力，蛇棋游戏也是一项增强互动的趣味游戏。整个游戏过程中充满了不确定性，紧张刺激又富有乐趣，可以鼓励玩家和同伴进行社交，建立友谊。由于蛇棋游戏也广泛受到儿童喜爱，年长的玩家还可以和儿孙一起游戏，交流感情，共享天伦之乐。

三、玩法详解

蛇棋游戏支持 2～4 人共同进行。游戏开始前，玩家自行分配各自使用的棋子和投掷骰子的顺序，之后轮流投骰子，根据投出来的点数前进。

当棋子停留在梯子下端的格子时，可以沿梯子爬上梯子顶部的格子内。

当棋子停留在蛇头的格子时，则要顺着蛇身滑到蛇尾的格子内。

这样一直投骰子、前进，先到达终点位置的玩家即为这局游戏的胜利者。

因为游戏主要依靠投掷骰子决定前进的步数，所以不需要什么特殊的游戏技巧。玩家在游戏时注意辨别梯子和蛇，看清骰子的点数，相互监督按规则行棋即可。记住，梯子可以大大加快前进的速度，蛇则会拖慢到达终点的脚步哦！

"棋"乐无穷 飞行棋

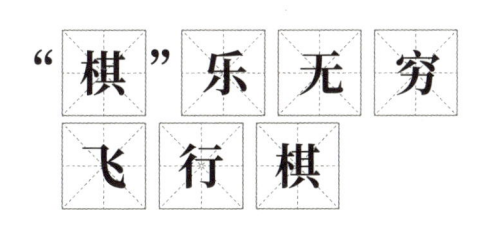

飞行棋是一项适合 2~4 人参与的经典棋类游戏。它包含 1 个飞行棋棋盘，四种颜色的棋子各 4 个以及 1 个点数为 1~6 的骰子。玩家选定各自的棋子和游戏顺序后，先将棋子放在棋盘上的停机坪中，投掷骰子按点数前进。最先将四个棋子全部走到终点的玩家获得胜利。

一、康养目标

9 大健智锻炼：

☐ 注意力训练　　☑ 判断识别能力训练　　☐ 记忆力训练
☐ 表达能力训练　☑ 理解能力训练　　　　☑ 计算能力训练
☐ 逻辑能力训练　☐ 精细活动训练　　　　☐ 整体协调训练

功能目标：

1. 动手动脑，活跃思维，激发脑部思维能力。
2. 精打细算，进退自如，锻炼计算和空间能力。
3. 休闲娱乐，竞技互动，提升生活社交能力。

二、背景知识

虽然飞行棋的起源众说纷纭，但这种投掷骰子，依照点数前进的玩法历史悠久，可以追溯到中国古代流行的双陆棋、打马棋，古埃及的塞尼特棋等。古代没有飞机，这些棋类游戏自然不会出现如今的飞行棋图案。一直要到第二次世界大战以后，飞行棋才真正诞生。

飞行棋玩法简单，老少咸宜，历来受到大众喜爱。玩飞行棋游戏可以增进交流，加深友谊，也可以锻炼玩家的决策能力。

老年人的生活中也充满了各种决策。从吃什么、买什么，到去哪家医院、看哪个医生，再到要不要相信这个人。很多人经常抱怨家里的老人乱买东西，容易上当受骗，这其实反映了老年人决策上不同于年轻人的特点。

老年人的大脑机能减弱，加工信息的能力比起年轻时或多或少有所下降，很难把握新信息，处理复杂的信息。因此当决策情境太复杂时，很难处理过来。骗子们往往就会利用老年人的这个特点，故意将问题复杂化，让老年人转不过弯来，进而相信骗子的花言巧语而上当。

老年人的情绪调节能力强，更容易关注积极信息，更容易相信陌生人，这也让老年人容易忽视可能存在的风险，轻信他人，因而面临更大的危险。

但随着年龄增长也会为老年人带来决策上的优势。老年人积累的经验和策略可以帮助他们做出更有智慧的决策，有时候甚至比年轻人的判断力还要好。

针对老年人决策的特点，专家建议老年人树立信心，积极利用自身优势进行决策，排除决策时无关信息的干扰，并留出充足的思考时间，有意识地提醒自己全面看待问题，保持开放的态度，多接触新事物[30]。

飞行棋的游戏节奏快，局势变化多样，紧张刺激。玩家需要经常决策走哪个棋子，要不要撞敌方棋子，要不要叠己方棋子，等等。

轻松愉快的游戏氛围鼓励老年人大胆做出决策，并利用自己的经验优势寻求胜利。

简单易懂且熟悉的游戏规则不会给老年人带来太多的思维负担，有利于老年人做出理性、智慧的决策。对于有轻度认知障碍的老人，飞行棋游戏也能综合锻炼老人的颜色认知、数量认知、注意力、手部运动等多个方面的能力。

除了和同伴游戏，增进老年人的友谊，飞行棋还适合老年人和孙辈一起游戏，让老年人享受温暖的亲情时刻。

三、玩法详解

飞行棋的规则简单，下到三岁孩童，上到百岁老人都可以玩。游戏中，2~4名玩家各执一种颜色的棋子，轮流投掷骰子，投到6点棋子即可起飞，之后根据投出的点数前进相应步数，直到所有棋子到达终点，即为获胜。

前进过程中，玩家要注意以下规则。

连投奖励：开始时，只有投出6点才可以让棋子从停机坪起飞，并能再投一次决定前进的步数。游戏过程中，投出6点可以再投一次，直到投出的点数不再是6点。

叠子：当己方的棋子正好走到同一格时，棋子可以叠在一起，从此共同前进。敌方的棋子不能从叠子上面飞过。当敌方的棋子正好停留在叠子上时，即发生撞击，敌方棋子和己方叠起来的两个棋子同时返回停机坪。

跳子：棋子正好走到和自己相同颜色的格子时，可跳跃到下一个同色的格子上。

飞棋：棋子正好来到和自己相同颜色的虚线格子时，可以沿虚线飞到虚线另一头的格子，完成飞行前进。飞棋可以和跳子叠加，但是棋子只能跳跃一次。

撞子：前进过程中，如果棋子到达的格子已有敌方棋子，可以将敌方棋子撞回停机坪。

到达终点：棋子必须按箭头方向走完一圈，正好来到终点位置才算"到达"。如果玩家投出的点数超过了到终点的步数，需要从终点退回多出来的点数继续游戏，直到点数正好符合剩余步数。

全神贯注 自然分类

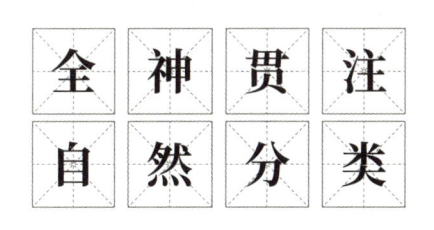

自然分类是一款锻炼观察力、注意力和自然事物分类能力的趣味益智桌面游戏。它由四种不同形状的抓板组成。每种形状抓板各有 8 个，并且从小到大依次排列，放置在棋盘的凹槽中。每一侧的凹槽内还分别写有 1~8 的数字，数字顺序随机。

游戏中，玩家需要根据任务要求分类、排列这些形状抓板。这就要求玩家正确辨别它们的形状，细致观察比较它们的大小，并将形状抓板与对应的凹槽正确匹配起来。部分任务还会要求玩家根据数字顺序进行操作。因此"自然分类"游戏可以综合锻炼玩家的自然事物分类能力、观察能力、视觉空间辨识能力、数字认知能力、手眼协调能力等多项能力，动手动脑，健智怡情。

一、康养目标

9 大健智锻炼：

☑ 注意力训练　　☑ 判断识别能力训练　　☐ 记忆力训练
☐ 表达能力训练　☐ 理解能力训练　　　　☐ 计算能力训练
☐ 逻辑能力训练　☑ 精细活动训练　　　　☐ 整体协调训练

功能目标：

1. 动手动脑，活跃思维，激发脑部思维能力。
2. 全神贯注，耐心操作，提升专注力。
3. 敏锐观察，细心辨别，锻炼视觉空间辨识能力。

二、背景知识

在心理学上，注意指的是心理活动对一定对象的指向和集中。它保证了人们对事物有更清晰的认识，并能做出更有准备的反应，因此，注意是人们获得知识、掌握技能、完成各种智力活动和实际操作的重要心理条件。

一般而言，老年人在注意力处理过程中，已经缺少了年轻时所具有的准确性和运作速度。比如，比起年轻人，老年人更容易受到无关信息的干扰，明明想要去冰箱里拿鸡蛋，他们可能看到牛奶就把牛奶拿了出来，完全忘了鸡蛋的事。

只要不影响老年人的正常生活，注意力的自然衰退无须过分担心。但要是发现了注意力明显下降，甚至影响到老年人的生活自理，就需要周围人重视了，毕竟注意力还与其他认知能力高度相关，注意力如果发生了什么状况，往往会影响心智的一般表现。

人们一般在感兴趣的事情上更能集中注意力。因此轻松愉快、富有趣味的游戏可以让人边玩边练，自然而然地专注于任务之中，提升注意力水平。自然分类游戏就是这样一个需要专注、耐心才能玩好的游戏。

三、玩法详解

以下三种玩法难度逐级提升，每种玩法通过调节抓板数量也可以自由调节任务难度。玩家可根据实际情况选择适当难度的任务，循序渐进进行游戏。每次的游戏时间约15分钟，避免过度疲劳。

玩法一：形状排序

取出某一种形状的8个抓板（如圆形），放在棋盘中间的凹槽内，请玩家比较这些形状抓板的大小，并按照从小到大的顺序排列。

刚接触游戏时，可以减少形状抓板的数量，如3个、5个，进行比较，避免疲劳。熟悉后，再逐渐增加抓板数量，直到比较8个抓板的大小。

排序8个抓板时，玩家可以一边观察比较，一边尝试将抓板放入对应的凹槽中。如果抓板刚好能放入凹槽且不空旷，说明摆放正确，可以继续摆放下一个抓板。如果抓板相对凹槽太大或太小，说明摆放不正确，这时玩家就要拿起抓板，重新观察比较，将抓板放入正确的凹槽。

游戏过程可以计时。玩家可以记录完成一组8个抓板所需的时间，比较每一次的进步情况。

玩法二：形状分类

取出两种及以上形状的抓板，放到棋盘中间的凹槽内，请玩家将不同形状的抓板分开摆放。

刚接触游戏时，形状抓板的种类和数量都可以少一些，如两种形状，每种各3个，以降低任务难度，帮助玩家熟悉任务，避免混乱和疲劳。熟悉任务要求后，可以循序渐进，逐步增加抓板的种类和数量来增加游戏的挑战性。

随着抓板数量的增加，还可以请玩家在分类的基础上将抓板放回正确的凹槽内，同时锻炼玩家对形状和大小的识别判断能力。

● 延伸：竞赛玩法

2~4名玩家可以进行竞赛游戏。

游戏前，将所有形状抓板取出，放在棋盘中间的凹槽内。各玩家坐在棋盘四周，确认面前的凹槽是什么形状，再从中间凹槽中找出对应的形状，并根据大小将抓板放回正确的凹槽内。

如，某位玩家面前的凹槽是五角星形的，那么他就要从中间拿取五角星形的抓板，放到与这个抓板大小匹配的凹槽内，直到所有五角星形的凹槽都填满。谁最先填满 8 个凹槽，谁就获胜。

玩法三：按数排形

在按数排形玩法中，玩家只需完成一种形状的大小排序。

刚接触这个玩法时，棋盘中间请只放一种形状的抓板。玩家则要根据该形状凹槽中的数字顺序，寻找与这个凹槽大小匹配的形状抓板，放到凹槽内。

如，圆形凹槽上的"1"位于从左往右第四个位置，代表第四大的圆形抓板。玩家就要先通过观察，找到大概是第四大的圆形抓板，放到凹槽中。如果大小正好匹配，说明摆放正确，继续寻找"2"对应大小的抓板；如果抓板相对凹槽太大或太小，说明不正确，就要放回这块抓板，重新找出正确大小的抓板。

按照从 1 到 8 的顺序放完所有抓板后，挑战即为成功。玩家可以记录每次完成所需的时间，比较每次挑战的进步。

当玩家熟悉任务要求后，还可以继续增加难度：在开始游戏前，将其他种类的形状抓板放到棋盘中间，就会对辨别和比较形成干扰，提高游戏难度。干扰越多，任务越困难。

眼明手快 几何配对

几何配对是一款锻炼玩家视觉空间辨识能力和反应速度的益智游戏，主要考验了玩家对形状和颜色的识别和匹配。它由1个带凹槽的棋盘和16个不同形状的手抓板组成。手抓板的形状与棋盘凹槽刚好匹配，可以正好放在凹槽内。游戏的主要玩法就是根据任务要求，快速拿取或放回规定的手抓板。整个过程要求玩家既要正确辨别出物体的颜色和形状，又要对各种指令快速做出反应。抓取手抓板的动作也锻炼了玩家手部动作的协调性。

一、康养目标

9大健智锻炼：

- ☑ 注意力训练
- ☑ 判断识别能力训练
- ☐ 记忆力训练
- ☐ 表达能力训练
- ☐ 理解能力训练
- ☐ 计算能力训练
- ☐ 逻辑能力训练
- ☐ 精细活动训练
- ☑ 整体协调训练

功能目标：

1. 动手动脑，活跃思维，激发脑部思维能力。
2. 全神贯注，耐心操作，提升专注力和反应速度。
3. 敏锐观察，细心辨别，锻炼视觉空间辨识能力。

二、背景知识

在人们的普遍印象中，老年人往往做事会"慢半拍"，反应也会更迟缓。这种印象虽然有些以偏概全，但的确反映出了一种常见的心理现象，也就是老年人对事物的反应速度不如年轻人。老年人不仅反应速度变慢了，而且反应速度变慢会让他们整体的信息处理能力受到影响，让他们分辨事物、计算数量、辨别方位、解决问题等各方面的表现都不如年轻的时候。不仅如此，反应速度变慢还会影响老年人的身体平衡能力，导致老年人比年轻人更加容易摔倒，而摔倒对于老年人来说是十分危险的。因此，平时通过一些练习锻炼反应速度，有助于老年人度过健康的晚年生活。

生活中只要留心，很多活动都可以通过计时变成反应速度锻炼。而轻松愉快的游戏则可以为老年人设置一定的目标，鼓励老年人参与其中，既放松心情，又得到锻炼。几何配对就是这样的一种游戏。老年人在游戏中需要快速辨别几何形状这一基本概念，并做到手脑配合，既要"眼明"，又要"手快"，对于老年人的能力是一种综合性的锻炼。

三、玩法详解

下面给出了几何配对的三种玩法。通过调整用到的形状抓板数量，就可以调整游戏的难度：形状越多，游戏越难。玩家可以根据自己的实际情况，选择合适难度的游戏进行挑战。随着越来越熟练，玩家可以循序渐进，逐步提升挑战难度。

每次游戏时，可以调换棋盘的朝向，避免玩家只是记住了手抓板的位置，而不是听指令进行搜索。每次的游戏时间大概为 15 分钟，避免游戏时间过长，精神过度集中引发的疲劳。每次挑战都可以进行计时，比较每一次的进步情况。

玩法一：形状匹配

形状匹配玩法需要一名裁判配合玩家进行游戏。

在正式开始游戏之前，先要将所有手抓板放回凹槽中。玩家可以先看看面前的手抓板，说说它们分别是什么形状，确认这些形状的名称。

开始游戏后，由裁判说出一种形状，玩家要根据这个指令，快速找到对应的形状并把它拿起来。比如，裁判说"三角形"，玩家就要找到三角形的手抓板并拿起来，越快越好。

每轮抓取计10分，拿取正确得10分，拿错不扣分。裁判记录玩家的得分后，请玩家放回手抓板，继续下一轮。每次游戏共进行十轮，玩家的总分和总共使用的时间就是本次挑战的成绩。

● 延伸一：竞赛玩法

除了一个人听指令进行挑战，形状匹配玩法也适合多名玩家进行比赛。

比赛中，裁判同样说出一种形状的名称，此时各玩家就要比赛谁最先拿到对应的形状抓板。速度最快，且拿取正确的玩家就可以获得这块手抓板。十轮游戏后，谁手中的手抓板最多，谁就是胜利者。

竞赛玩法紧张刺激，反应速度的优势显而易见，可以鼓励玩家保持专注，相互竞争，提升反应速度。参与游戏的几名玩家尽量水平相似，避免反复失败引发的挫折感。

● 延伸二：任务拓展

除了直接说出形状的名称，游戏中还可以根据玩家的水平，请玩家找一找"所有四边形""没有直边的图形""没有直角的图形"

游戏篇

059

等，增加活动的挑战性和趣味性。

玩法二：颜色匹配

颜色匹配玩法需要一名裁判配合玩家进行游戏。

在正式开始游戏之前，先要将所有手抓板放回凹槽中。玩家可以先看看面前的手抓板，说说它们分别是什么颜色，确认这些颜色是什么形状的手抓板。

开始游戏后，由裁判说出一种颜色，玩家要根据这个指令，快速找到对应的颜色，并把所有这个颜色的手抓板拿起来。比如，裁判说"蓝色"，玩家就要找到蓝色的圆形手抓板和花形手抓板并拿起来，速度越快越好。

每轮抓取计20分，全部拿取正确得20分，有遗漏得10分，拿错不扣分。裁判记录玩家的得分后，请玩家放回手抓板，继续下一轮游戏。每次游戏共进行五轮，玩家的总分和总共使用的时间就是本次挑战的成绩。

● 延伸一：竞赛玩法

除了一个人听指令进行挑战，颜色匹配玩法也适合多名玩家进行比赛。

比赛中，裁判同样说出一种颜色的名称，此时各玩家就要比赛谁最先拿到对应颜色的手抓板。每次拿取的数量不限，最先拿到并且颜色正确，就可以获得这块手抓板。五轮游戏后，谁手中的手抓板最多，谁就是胜利者。

注意，参与竞赛玩法的几名玩家尽量水平相似，避免反复失败引发的挫折感。

● **延伸二：任务拓展**

除了说颜色拿取对应的手抓板，还可以让裁判先拿取一块手抓板，请玩家拿出所有相同颜色的手抓板，考验玩家的颜色匹配能力，丰富游戏的变化。

玩法三：形状归位

开始游戏前，先将手抓板从凹槽中取出，随意放在一边。玩家需要将手抓板放回形状对应的凹槽内，速度越快越好。记录每次挑战需要的时间，可以比较玩家的进步情况。

刚开始游戏时，需要摆放的手抓板数量可以少一些，如4块、8块。随着对游戏越来越熟悉，玩家可以逐渐增加手抓板的数量，直到挑战将所有的手抓板都取出来进行归位。

另外，一次展示的手抓板太多也可能干扰玩家的注意力，让玩家不知道从何下手。因此刚接触游戏时，可以找一名裁判协助，把手抓板一块一块地递给玩家，请玩家一块一块地操作。等到熟悉后，玩家再自己从几块手抓板中任意拿取进行摆放。

一块一块地挑战

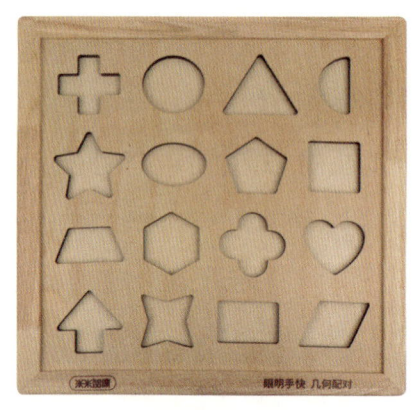

同时挑战

大脑活力健康的秘密　益智游戏活动指导手册

柳暗花明 数字迷宫

数字迷宫是一款锻炼注意稳定性和注意转移能力的益智桌面游戏。游戏需要玩家保持高度专注，正确识别数量、颜色等特征，对数学计算能力的保持和右脑功能的活跃有促进作用。

数字迷宫由 1 个棋盘和 4 个带磁铁的小棒组成。棋盘中有六种颜色的小球，小球可被小棒吸引，随小棒移动。棋盘上还设有横向和纵向的轨道以及 12 个不同颜色的圆形凹槽作为终点。终点处画有 1～12 个的小黑点。游戏时，玩家可根据小黑点的数量，移动对应数量的小球到终点处，即为完成任务。

一、康养目标

9 大健智锻炼：

- ☑ 注意力训练
- ☐ 判断识别能力训练
- ☐ 记忆力训练
- ☐ 表达能力训练
- ☐ 理解能力训练
- ☑ 计算能力训练
- ☐ 逻辑能力训练
- ☑ 精细活动训练
- ☐ 整体协调训练

功能目标：

1. 动手动脑，活跃思维，激发脑部思维能力。
2. 全神贯注，耐心操作，提升专注力和观察力。
3. 精打细算，灵活调整，锻炼计算和空间能力。

二、背景知识

我们平时所说的注意力其实有多个方面的品质。第一个品质是注意的广度，通俗点说就是注意的范围，是人一瞬间可以清晰把握的对象数量。俗话说的"一目十行"，其实就是在形容一个人注意广度大。

第二个品质是注意的稳定性，也就是注意可以稳定地保持多长时间。与注意的稳定性相反的注意品质就是注意分散。平时人们提到注意力，很多时候指的是注意的稳定性。

第三个品质是注意转移，它指的是注意由一种对象转移到另一种对象上去的现象，它不同于注意分散，是根据任务需要主动转移的。

第四个品质是注意分配，指的是在同一时间内，把注意指向不同的对象，同时做几件不同的事的现象，比如自弹自唱。

一般认为，老年人注意的稳定性减弱，抗干扰能力变差，注意广度缩小，注意分配、注意转移能力也不如年轻人灵活。正常的注意力衰退不会影响老年人的生活，因为老年人丰富的经验可以补足这方面的不足。但大脑功能出现障碍时，老年人的注意力也会受到明显损害，进而影响老年人记忆、沟通等各个方面，因此需要特别重视。

数字迷宫就是一项特别锻炼老年人注意力水平的益智游戏。游戏中，因为小球需要小棒牵引，且要经过一定路线才能到达终点，所以这个过程特别需要玩家保持专注，关注一个小球的运动，排除其他小球的干扰，锻炼了注意的稳定性。小球的颜色或数量都可以和终点处的标记对应，因此通过改变任务要求，可以让老年人一会儿关注颜色，一会儿关注数量，锻炼老年人的注意转移能力。

三、玩法详解

下面给出了数字迷宫的四种玩法。玩法难度从一到四逐渐提升，玩家可以根据自己的情况选择一项合适的玩法进行挑战，也可以从玩法一到玩法四依次挑战一遍。为了避免疲劳，每次挑战结束后可以休息一下。

玩法一：小球进洞

本玩法最多可有 4 人同时进行。

游戏前，先将各个终点凹槽处已有的小球清空，再规定好每名玩家各自要让小球到达的终点。如 4 名玩家，每人以一个角落上的凹槽作为终点。游戏计时 3 分钟（也可以根据实际情况规定每轮游戏的时长），各玩家要在 3 分钟内用小木棒将尽可能多的小球引到自己的终点凹槽内，引到其他终点位置不计入成绩。计时结束后，清点各自成功引入的小球数量。可以比较各玩家的成绩，数量最多的获胜。也可以不相互比较，只进行自我挑战，比较每次游戏中的进步。

玩法二：颜色球归位

本玩法最多可有 4 人同时进行。

玩法二与玩法一类似，也是要将尽可能多的小球引到各自目标的终点凹槽内。但玩法二中，玩家需要选择与终点颜色相同的小球，移动到终点处。比如，一名玩家分到的终点是右下角的粉色位置，那么他就要找到粉色的小球移动到这里，移动黄色、蓝色的小球到这里都不能得分。3 分钟计时结束后，记录每名玩家终点凹槽处颜色正确的小球数量，比较哪名玩家数量最多，或比较自己每次挑战中的进步。

玩法三：数量迷阵

本玩法可一人进行，也可多人分工完成。

游戏前，先将各个终点凹槽处已有的小球清空。玩家可以先辨别一下各个终点处的小黑点，确保能够注意到，并能正确数出黑点的数量。接着，玩家要从 1 开始，根据黑点的数量，利用小棒将对应数量的小球移动到各个终点位置，即 1 个点的位置放入 1 个小球，2 个点的位置放入 2 个小球，以此类推。记录完成这项挑战一共需要多少时间，比较每次挑战的进步情况。

在刚开始这项玩法时，可以不用填完所有的凹槽，只按数量成功移动 1 个小球、2 个小球、3 个小球即可。随着对游戏慢慢熟练，玩家可以循序渐进地增加目标的数量，提高游戏难度，填完 1 到 4、1 到 5，甚至 1 到 12 的所有凹槽。

多人游戏时，玩家可以在游戏前商量好各自需要完成的终点位置，相互协助，完成全部 12 个凹槽的小球数量匹配，看看完成挑战一共需要多少时间。

玩法四：换来换去

本玩法适合单人游戏。游戏中需要有一名裁判向玩家发布指令。

游戏前，先将各个终点凹槽处已有的小球清空。玩家可以先辨别一下各个终点处的小黑点，确保能够注意到，并能正确数出黑点的数量。

游戏中，玩家要用小棒将小球移动到各个终点凹槽内，但每个位置放小球的要求不同，可能是颜色匹配，也可能是数量匹配。由裁判规定好匹配的规则，并在过程中提醒玩家按要求进行操作，避免遗忘或混乱。

大脑活力健康的秘密 益智游戏活动指导手册

比如，某一次挑战是这样规定的：当终点处的点数为单数时，要颜色匹配，数量为1；当终点处的点数为双数时，要数量匹配，颜色不限。那么在第一个红色终点位置，玩家就要放入1个红色的小球，在第二个紫色终点位置，玩家就要放入2个任意颜色的小球，在第三个黄色终点位置，要放入1个黄色的小球，第四个粉色终点位置，要放入4个任意颜色的小球，以此类推。记录玩家每次完成的时间，比较进步情况。

为了帮助玩家了解当下的任务，每摆好一个位置，裁判最好告诉玩家下一个位置要怎么放。

刚开始这项挑战时，需要完成的凹槽数量可以少一些，如只完成4个凹槽、5个凹槽的摆放。等到熟悉规则后，再循序渐进增加凹槽数量，直到能完成全部位置的小球摆放。

十	拿	九	稳
几	何	套	柱

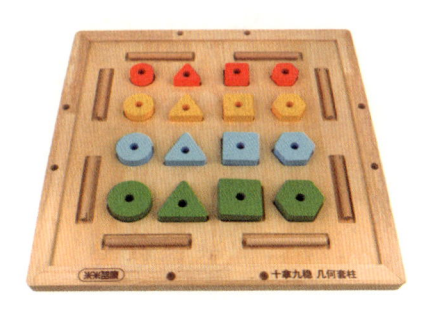

几何套柱是一款锻炼玩家感知觉能力的益智动作游戏，主要考验玩家对形状、颜色和大小的识别。它包括8根圆柱和16个中间带孔的形状积木。8根圆柱完全相同，可以插在棋盘四周的圆孔中。形状积木包括圆形、三角形、正方形、六边形四种形状，每种形状包括从小到大的四块积木，它们都可以套在插好的圆柱上。棋盘中央也有16个不同形状的凹槽，刚好与积木形状对应。

游戏中，玩家需要根据任务要求正确摆放形状积木，越快越好。每次挑战都可以进行计时，比较每次的进步情况。

一、康养目标

9大健智锻炼：

☐ 注意力训练　　☑ 判断识别能力训练　　☐ 记忆力训练
☐ 表达能力训练　☐ 理解能力训练　　　　☐ 计算能力训练
☐ 逻辑能力训练　☑ 精细活动训练　　　　☑ 整体协调训练

功能目标：

1. 动手动脑，活跃思维，激发脑部思维能力。
2. 全神贯注，耐心操作，提升专注力。
3. 敏锐观察，细心辨别，锻炼视觉空间辨识能力。

二、背景知识

人们常说"人老耳背""老眼昏花",其实是在描述老年人感觉功能的衰退。除了视觉和听觉,老年人感觉外界刺激的嗅觉、味觉、皮肤感觉,以及感觉身体内部状态的运动觉、平衡觉、机体觉都会随年龄发生衰退,因此我们常常会发现老年人有看电视的声音过大、做菜太咸、容易觉得冷等现象。

知觉则是将感觉到的信息进行一定加工,赋予其意义的过程。当我们看到一个图形时,感觉负责将这个形象传递给我们的大脑,而知觉则会告诉我们,这是一个圆形,或者这是一个方形。伴随老年人神经中枢的退化,他们不仅感觉功能会发生衰退,辨别空间物体远近、大小或相对位置,辨别食物味道等的知觉能力也会逐渐下降,影响生活质量。

几何套柱游戏就是一项非常经典的感知觉能力锻炼游戏。游戏的核心就是辨别物体的颜色和形状,并完成颜色和形状的匹配。因此玩家要正确加工这些感知觉信息,并尽可能快速地做出动作反应。整个游戏过程并不复杂,却能充分调动感觉、知觉、手眼协调、精细动作等机能,让玩家动手动脑,保持大脑的年轻与活跃。

三、玩法详解

本游戏适合单人进行,可根据玩家的实际情况,选择适当难度的玩法,循序渐进进行游戏。以下四种玩法也可以组合、穿插进行,让游戏过程更加丰富多变。为了避免疲劳,保持游戏兴趣,每天可游戏大约15分钟。

玩法一:形状比较

游戏前,先将棋盘中的形状积木打乱,将圆柱插在棋盘周围。

游戏开始后，玩家要将同一形状的积木套在同一根圆柱上，越快越好。

刚接触游戏时，玩家可以从所有积木中只挑选一种规定的形状（如三角形）套在一根圆柱上。随着对游戏的熟悉，玩家可以逐步加大难度，增加需要操作的形状数量，将两种、三种，直到四种形状的积木正确分类套在圆柱上。

● 延伸：竞赛玩法

2～4名玩家可以进行竞赛游戏。游戏前，各玩家分别在棋盘的一侧就座，并规定好各自需要操作的形状。如，玩家a要找到圆形，玩家b要找到三角形，等等（为了便于玩家记住任务要求，可制作形状卡片放在桌边）。游戏开始后，各玩家同时开始辨别积木形状并完成套柱，最先完成的获胜。

玩法二：颜色比较

游戏前，先将棋盘中的形状积木打乱，将圆柱插在棋盘周围。

游戏开始后，玩家要将同一颜色的积木套在同一根圆柱上，越快越好。

刚接触游戏时，玩家可以从所有积木中只挑选一种规定的颜色（如红色）套在一根圆柱上。随着对游戏的熟悉，玩家可以逐步加大难度，增加需要操作的颜色数量，将两种、三种，直到四种颜色的积木正确分类套在圆柱上。

● 延伸：竞赛玩法

2～4名玩家可以进行竞赛游戏。游戏前，各玩家分别在棋盘的一侧就座，并规定好各自需要操作的颜色。如，玩家a要找到红色，玩家b要找到绿色，等等（为了便于玩家记住任务要求，可制作颜色卡片放在桌边）。游戏开始后，各玩家同时开始辨别积木颜色并完成套柱，最先完成的玩家获胜。

玩法三：形状排序

游戏前，先将棋盘中的形状积木打乱，将圆柱插在棋盘周围。

游戏开始后，玩家要将同一形状的积木按照从大到小的顺序套在同一根圆柱上，完成得越快越好。

刚接触游戏时，玩家可以只选择同一形状的四块积木，练习按照从大到小的顺序套好。随着对游戏的熟悉，玩家可以循序渐进地加大难度，增加需要操作的积木数量，尝试完成两种、三种，一直到四种形状的分类和排序。

● 延伸：

进行排序挑战时，玩家除了可以让积木从大到小排列，也可以练习按照从小到大的顺序排列积木。这种规则上的小改变可以增加游戏的变化性和趣味性，也可以锻炼玩家思维的灵活性。

玩法四：积木归位

将打乱的积木按照大小和形状放入对应的凹槽内，越快越好。

这一玩法主要锻炼了玩家的图形匹配能力，需要玩家正确识别积木形状和大小，同时也锻炼了玩家手部动作的精确性和灵活性。由于这个玩法的游戏过程也是将积木整理归位的过程，它也可以作为一次游戏的收尾环节来进行。

独具慧眼 自然拼板

自然拼板是一项锻炼老年人注意广度和注意稳定性的益智桌面游戏。同时，这项游戏也会锻炼到老年人对常见物品的感知和识别能力。

自然拼板由带有凹槽的棋盘和64块画有图案的木质拼板组成。木质拼板两两一组，可以拼合成一幅完整的物品图案。游戏的主要任务就是从这些拼板中找到相互匹配的拼板拼在一起。

一、康养目标

9大健智锻炼：

- ☑ 注意力训练
- ☑ 判断识别能力训练
- ☐ 记忆力训练
- ☐ 表达能力训练
- ☐ 理解能力训练
- ☐ 计算能力训练
- ☐ 逻辑能力训练
- ☐ 精细活动训练
- ☑ 整体协调训练

功能目标：

1. 敏锐观察，耐心匹配，提升视觉空间辨识能力。
2. 全神贯注，辨别分类，锻炼自然事物分类能力。
3. 动手动脑，灵活操作，激发脑部思维能力。

二、背景知识

人们常说的注意力其实并不是单一的，而是具有多个方面的品质，包括注意的广度、注意的稳定性、注意转移和注意分配。注意的广度就是注意的范围，是人一瞬间可以清晰把握的对象数量。注意的广度让人们可以获得更多的信息，像是平时走路、开车，都需要"眼观六路"来避免危险，这时依靠的能力就是注意的广度。

正常衰老会降低老年人的注意的广度和注意的稳定性，让老年人的注意力变得狭窄，不能同时注意到很多事情，也容易由于其他事情分心。比如，子女可能发现老人在专心看电视的时候，很难注意到别人在叫他，这就是一个注意广度变狭窄的表现。一般来说，这些能力的下降不会对老年人的生活造成太大的困扰。但严重的大脑机能损伤会让老年人的注意力严重分散，注意广度变得非常狭窄，严重影响我们与老年人的沟通，也容易让老年人发生危险。因此在日常生活中，我们有必要关注老年人的注意力水平，及时发现问题，并通过一些游戏或活动锻炼注意力。

自然拼板游戏中，玩家要在一些备选拼板中找到可以相互匹配组成图案的拼板，这就需要玩家有足够的注意广度去搜集不同的图案，有足够的注意稳定性来坚持完成任务不走神，还需要足够的耐心以及视觉空间能力来支持玩家辨别出可以匹配的图形。另外，因为游戏需要动手操作，手眼协调和动作能力也是游戏中不可或缺的。

三、玩法详解

下面三种玩法难度逐步提升，每种玩法也可以通过调整拼板的数量调节游戏难度。玩家可以根据实际情况选择合适难度的任务进行挑战，循序渐进，逐步提升。每次游戏时间可根据自身的兴趣和能力水平进行调整，比如 15 分钟，避免过度疲劳。

玩法一：寻找另一半

在玩家面前摆放若干拼板，在棋盘中央摆放另外一些拼板。玩家要根据面前拼板的图案，在棋盘中间的拼板中找到与其匹配的另一半，让两块拼板拼成一幅完整的图案。拼完以后，玩家还要说一说拼出来的是什么。记录完成所有配对需要的时间，比较每次挑战的进步情况。

这个玩法的难度可以通过调整拼板的数量来调节。一开始，可以在玩家面前放一块拼板，棋盘中央放三块拼板，三选一完成挑战。之后，可以让玩家逐步完成两块、三块拼板，甚至更多拼板的配对，循序渐进，提高挑战难度。

玩法二：自由拼板

这个玩法可以单人挑战，也可以2~4名玩家竞赛完成。

游戏开始前，将拼板打乱，摆放在棋盘中间。玩家需要在所有拼板中找到两两匹配的拼板拼在一起，组成完整图案，并放在面前的凹槽内。当所有拼板完成配对时，挑战结束。单人游戏时，记录完成挑战所用的时间，比较每次的进步。多人竞赛时，拼出最多图案的玩家即为胜者。

这个玩法的难度可以通过调整拼板的数量来调节。一开始，可以减少棋盘中间的拼板数量，如只摆放三对、四对不同的拼板让玩家配对。随着对游戏越来越熟练，玩家可以逐步增加拼板的数量，提高挑战难度。

玩法三：分类拼板

这个玩法可以单人挑战，也可以多名玩家同时完成。在玩法二的基础上，玩法三增加了辨别图案名称和属性的考察。

游戏开始前,将拼板打乱,摆放在棋盘中间。规定每位玩家只拼某一类别的图案(如动物、水果、交通工具等)。玩家就要在所有拼板中找到这类图案的拼板并拼在面前的凹槽里,直到找出所有符合的图案为止。记录完成挑战所用的时间,比较每次的进步。

刚接触这一玩法时,可以减少配对图案的数量和其他干扰图案的数量,降低挑战难度。随着对游戏越来越熟练,玩家可以逐步增加拼板的数量,提高挑战难度。

游戏篇

运筹帷幄 中国象棋

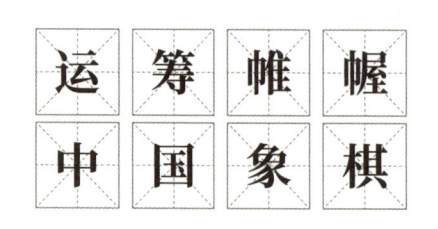

中国象棋是一类二人对抗的战略型棋盘游戏，它历史悠久，深受百姓喜爱。

中国象棋棋盘共有 64 个方格，中间由"楚河汉界"划分出两个彼此敌对的区域。红黑双方各有 16 枚棋子，分别是将（帅）一个，车、马、炮、象（相）、士（仕）各 2 个，卒（兵）5 个。对弈时，红方先走，黑方后走，轮流按规则行棋，直到将对方"将死"。对局过程不仅是双方智力的较量，更反映出"运筹帷幄，决胜千里"的军事指挥艺术和四两拨千斤的政治智慧，凝聚着奥妙广博的传统文化内涵。

1956 年，象棋成为国家体育项目，此后几乎每年都举行全国性的象棋比赛。2008 年，象棋被列入第二批国家级非物质文化遗产名录。

一、康养目标

9 大健智锻炼：

☑ 注意力训练　　☐ 判断识别能力训练　　☐ 记忆力训练
☐ 表达能力训练　☐ 理解能力训练　　　　☑ 计算能力训练
☑ 逻辑能力训练　☐ 精细活动训练　　　　☐ 整体协调训练

功能目标：

1. 动手动脑，活跃思维，激发脑部思维能力。

大脑活力健康的秘密 益智游戏活动指导手册

2. 排兵布阵，全局思考，锻炼谋划决策能力。

3. 休闲娱乐，竞技互动，提升生活社交能力。

二、背景知识

中国象棋是一种起源于中国的智力竞技游戏。它有着悠久的历史。屈原的《楚辞·招魂》中就已经提到了象棋——蓖蔽象棋，有六簿些，说明早在战国时代，象棋已经在贵族阶层流行。

象棋的设计模仿了当时的兵制，有军事训练的意义。战国之后，象棋在流传过程中不断发展、改进，最后定型于北宋末年，也就是现在我们看到的象棋样式。南宋时期，象棋变得家喻户晓，十分盛行，并出现了各种研究象棋的著作，成为一门独立的学问。一直到今天，象棋依然是一项深受老百姓喜爱的智力运动。

对于不少老年人来说，象棋是一项早已熟悉的游戏，不需要花费太多精力进行学习，还能重温昔日下棋的乐趣。同时，象棋的走法不算复杂，却能有各种精妙绝伦的变化。排兵布阵、运筹帷幄的过程，需要玩家综合运用注意力、记忆力、决策思维等能力，非常有助于活跃思维、激发大脑，让脑子越用越灵光。

下象棋还是促进社交的好手段。社交除了可以让人保持身心愉悦，对于保持大脑功能的健康活跃也有积极影响。与棋友切磋棋艺正好创造了与同伴交流互动的机会，可以增进友谊，扩大朋友圈。因此，很多专家都同意下棋是一种积极健康的休闲方式。

三、玩法详解

象棋的摆法

中国象棋棋盘上共有竖线 9 条，横线 10 条，共有 90 个交叉点，棋子要摆放在交叉点上。棋盘中间没有划通竖线的地方称为

游戏篇

"河界"，划有交叉线的地方称为"九宫"。红棋方面的9条竖线从右往左用中文数字一到九表示，黑棋方面的9条竖线从右往左用阿拉伯数字1~9表示。

对局开始前，五个卒（兵）隔一竖线依次摆放在己方的第四条横线上，将（帅）放于底线中央，两侧依次对称摆放士（仕）、象（相）、马、车。炮位于己方第三条横线上的二、八位（黑方为2、8位）。具体摆法如图所示。

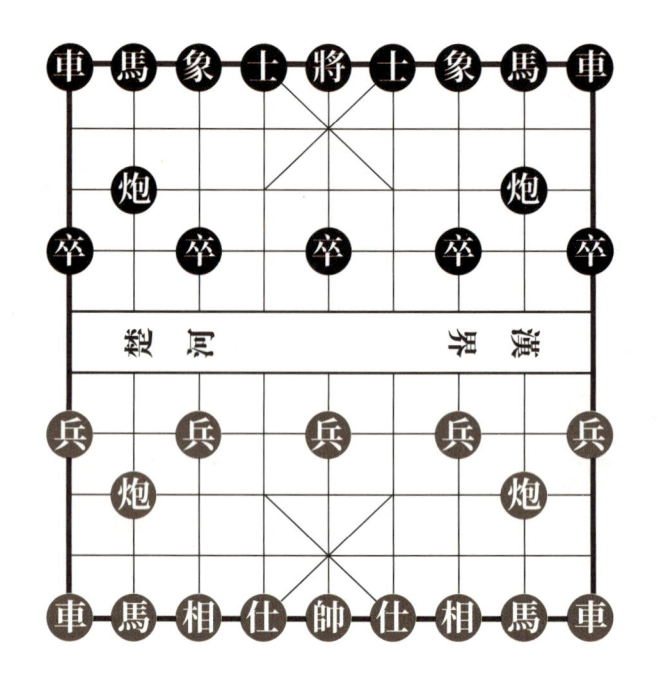

走棋和吃子

各种棋子需要按照一定规则行棋，具体如下。

- 将、帅是棋中元首，是双方竭力争夺的目标，只能在九宫内上下左右移动一格。
- 士、仕是将、帅的贴身侍卫，只能在九宫内沿斜线走一格。
- 象、相也是将帅的保卫，只能在己方阵营行走，每步棋沿斜线走两格，俗称"相飞田"。但"田"字中心若有棋子阻挡，则不能飞越。

● 车的威力最大，可沿直线走任意格数，活动范围为整个棋盘。

● 马的走法是先直着走一格，再斜着走一格，俗称"马走日"，活动范围是整个棋盘，但如果马的前进方向有棋子挡住，则不能前进。

● 炮与车的走法相同，但吃子时必须隔着一枚棋子，俗称"炮隔山"。

● 卒、兵过河前只能向前走一格，过河后可向前、左、右走一格，不能后退。

棋子的威力在于吃子。走一着棋时，如果己方棋子能够走的位置有对方棋子存在，就可以把对方棋子吃了而占领那个位置。但炮是例外。炮吃子必须隔一枚棋子（己方或对方棋子都可以），这个隔着的棋子也称"炮架子"。除将（帅）外，其他棋子都可以任对方吃，或主动送吃。

象棋的规则

对局时，由红方先走，双方各走一着为一个回合。将棋子从一个交叉点走到另一个空着的交叉点，或者吃掉对方棋子占领那个交叉点，都算走了一着棋。这样轮番着棋，当一方的棋子攻击对方的将（帅），并在下一着就要把它吃掉时，就形成了"将军"的局面，若对方无处躲避也无法解救，就被将死，将军的一方获胜。如果双方都没有战胜对手的手段，将判为和棋。

记录和读谱

在象棋记录中，向前走叫"进"，往后走叫"退"，横着走叫"平"。红方着法用中文数字一到九表示，黑方着法用阿拉伯数字1~9表示。比如"炮二平五马8进7"就表示红方第二条竖线上的炮平移到第五条竖线上，黑方第8条线上的马向前跳到第7条线上。

思维天地 围棋

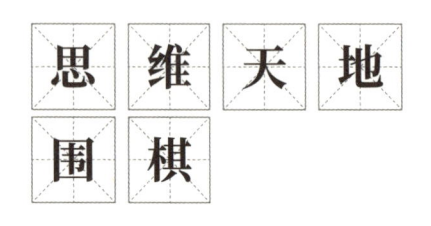

围棋是中国的传统棋种，是我国的优秀文化遗产。2008年，围棋被列入第二批国家级非物质文化遗产名录。

下围棋需要用到一副棋盘和黑白两色的棋子。棋盘表面有纵横各19条直线，形成361个交叉点，这些交叉点就是棋子要下的位置。在所有交叉点中，有9个交叉点用较大的黑点表示，以方便定位。这九个黑点被称为"星位"，中央的"星位"被称为"天元"。

围棋所用的棋子分黑白两种。正式比赛中，黑棋181枚，白棋180枚，共361枚。为了收纳棋子，还需要两个棋子罐分别装黑色和白色的棋子。

一、康养目标

9大健智锻炼：

☑ 注意力训练	☐ 判断识别能力训练	☐ 记忆力训练
☐ 表达能力训练	☐ 理解能力训练	☑ 计算能力训练
☑ 逻辑能力训练	☐ 精细活动训练	☐ 整体协调训练

功能目标：

1. 动手动脑，活跃思维，激发脑部思维能力。
2. 经天纬地，全局思考，锻炼谋划决策能力。
3. 修身养性，竞技互动，提升生活社交能力。

二、背景知识

相传，围棋是尧帝发明的。先秦典籍《世本·作篇》最早记载了这一说法："尧造围棋，丹朱善之。"晋朝人张华在《博物志》中则说："尧造围棋，以教子丹朱。或云：舜以子商均愚，故作围棋以教之。"宋代罗泌所著的《路史》更详细地记载了围棋发明的始末："帝初，娶富宜氏曰皇，生朱。骜很媢克，兄弟为阋，嚚讼嫚游而朋淫。帝悲之，为制弈棋，以闲其情，使出就丹。"这些记载不仅认为尧帝发明了围棋，还说明围棋最初就是为了开发智力、陶冶情操发明的。

春秋战国时期，围棋在民间已经非常流行了。古代文人墨客精通的"琴棋书画"，其中的棋就是指围棋。从唐代开始，围棋逐渐走出国门，流传到日本和朝鲜半岛。如今，围棋与桥牌、国际象棋一起并成为"世界三大智力运动"。

围棋寓意精深，变化万千，是一项难度比较高的智力活动。中国人常将下围棋与精神境界联系在一起，用下棋修身养性、陶冶情操，因此不少人热衷下棋，爱通过下棋与朋友"手谈"，加深友谊。

现代认知科学也发现，下围棋对于延缓大脑功能衰退特别有效[30]。下棋时，人的注意力必须高度集中，专注计算未来几步甚至几十步的走向，分析当前局势孰优孰劣，记忆局势如何发展，还要纵观全局，综合判断，做出决策。整个对弈过程可以全面锻炼注意力、计算力、记忆力、推理能力和判断力。如果老年人原本就喜爱围棋，熟悉的下棋活动更是能给老年人带来自信，让老年人发挥出随年龄积累起来的经验和心态优势，有益于老年人的身心健康。

三、玩法详解

玩法一：五子棋

五子棋规则简单，节奏快，布局也有多种变化，可以锻炼玩家的注意力、计算力、判断力等，适合不熟悉围棋的玩家进行休闲游戏。

游戏可两人参加，一方执黑棋，一方执白棋。黑方先行，白方后行，在棋盘上轮流步子，设法让自己的棋子五枚连成一条线，同时阻止对手的五枚棋子连成一条线。先完成连线的获胜。

玩法二：围棋摆谱

在围棋发展的悠久历史中，留下了不少棋局棋谱。很多围棋初学者和围棋爱好者都会参照这些棋谱，依次摆放棋子，复盘对弈过程，从前人的经验和思路中学习围棋的走法和套路。

照着棋谱摆棋子的过程本身就十分考验人们的视觉、空间能力、注意力和手部动作的灵活性，是一项综合性的锻炼。摆谱时，玩家也可以观察思考局势的发展，感受围棋的奥妙。

摆谱往往是一人进行，独自研究棋局背后的智慧和逻辑。但初学者也可以将摆谱作为一项游戏，多人商量、合作完成。

玩法三：围棋对弈

围棋有一定难度，更适合会下棋的玩家进行休闲游戏，或原本对围棋就有兴趣的玩家学习。老年人学习新事物有助于保持大脑活跃，促进身心健康。但他们学习新事物的速度会比年轻人慢，更需要循序渐进，减少挫折感，增加自信心。

下围棋时，要有两人对弈。双方各拿一种颜色的棋子，黑棋先行，轮流把棋子下在棋盘的交叉点上，直到终局。棋子一旦落下就不能移动位置。最终谁围的地域大谁就是胜者,反之就是败者。

对弈过程中,需要遵守以下规则。

气尽提取:气指的是各棋子在棋盘上,与它直线紧邻的空点。一枚棋子如果没有了气,就要从棋盘上拿掉,术语称为"提子"。

禁止局面循环:行棋过程中可能会出现这样的局面,黑子落下提走白子后,下一手白子又能把刚才的黑子提走,这样双方不断相互提子,就会陷入循环。这种能够循环的棋形被称为"劫"。为了避免棋局无限循环下去,围棋规则规定一方提子后,另一方不能立即回提,必须间隔一手。

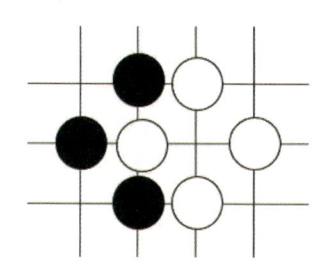

禁着点不能落子:落子后该子气数为0,又不能提取对方棋子的点称为"禁着点"。围棋规则规定,不能在禁着点落子。

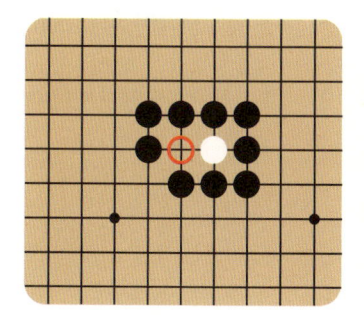

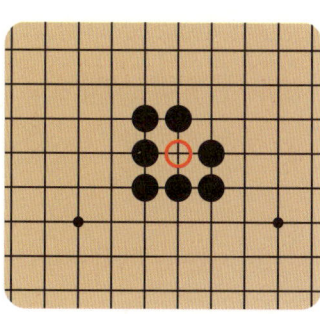

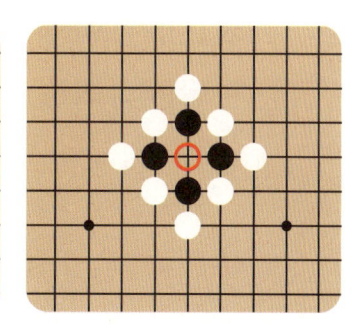

游戏篇

手疾眼快 垂钓游戏

垂钓游戏是一类经典的家庭聚会游戏。它的基本玩法是操作一根末端带有磁铁的玩具钓竿，吸起带有金属零件的海洋生物玩具，主要锻炼了玩家的分类观察能力和手眼协调能力。

这款垂钓游戏包含1个棋盘、4根钓竿、36个海洋生物木片（颜色6种，形状6种）、2个骰子（形状骰子1个，颜色骰子1个）。最多4名玩家可以同时进行游戏。投掷骰子后，玩家可以根据投出的结果，寻找并钓起规定的海洋生物，速度越快越好。

一、康养目标

9大健智锻炼：

☑ 注意力训练　　☑ 判断识别能力训练　　☐ 记忆力训练
☐ 表达能力训练　☐ 理解能力训练　　　　☐ 计算能力训练
☐ 逻辑能力训练　☑ 精细活动训练　　　　☐ 整体协调训练

功能目标：

1. 手眼协调，眼明手快，锻炼精细动作能力。
2. 明辨特征，对应匹配，锻炼综合观察能力。
3. 精打细算，大小比较，锻炼数学计算能力。

二、背景知识

精细动作是指那些主要由小肌肉群运动产生的动作。典型的精细动作是指与手有关的动作，包括抓、握、捏、倒、舀、夹、粘、切、剪、拧、穿、敲、撕、按、插、推、拍、弹等动作，它反映了手的技巧、灵活性，手眼协调能力和双手协调能力。人们日常吃饭、穿衣、洗漱、学习等活动往往都要用到精细动作。因此维持正常的精细动作能力是人们生活自理的重要保障之一。

锻炼精细动作也能让大脑更加活跃。人体各部分的功能，如感觉、运动、视觉、听觉等在大脑皮层中都有各自对应的区域。其中，手部运动，特别是手指运动中枢在大脑皮层中占据着比较广泛的区域。而大脑的功能与刺激、经验的丰富程度有关。经常得到锻炼的功能，对应区域的大脑皮层也会更加发达。因此有研究表明，手部的精细动作发展与认知能力的发展有一定的关联。经常动手，也能刺激大脑，让老年人的思维更加活跃，实现"手巧心灵"。

适合老年人的精细动作训练有很多。简单的包括抓球、抓毛绒玩具、练习用勺子舀等。复杂些的包括捡豆子、扣纽扣、穿针引线等。高级的还有翻绳、挑棍、搭积木、拼图、钓鱼等游戏。

三、玩法详解

玩法一：自由垂钓

最多 4 名玩家共同游戏。每名玩家一根钓竿，利用钓竿末端的磁铁钓起棋盘上的海洋生物，越快越多越好。计时 3 分钟后（也可以根据玩家情况调整时长），钓到最多海洋生物数量的玩家获胜。若单人游戏，则记录每次钓到的海洋生物数量，比较进步情况。

玩法二：形状捕手

玩法二相比玩法一增加了形状认知和计算的练习，挑战难度加大。玩家可以根据自身情况选择玩法。

最多 4 名玩家共同游戏。垂钓之前，玩家先投掷形状骰子。投

游戏篇

出什么品种的海洋生物，玩家就需要钓起这一品种的海洋生物，越快越多越好。计时 3 分钟后（也可以根据玩家情况调整时长），每名玩家统计自己的得分，钓到一条品种正确的海洋生物加 1 分，钓到一条品种错误的海洋生物倒扣 1 分。得分最高的玩家获胜。

玩法三：颜色捕手

玩法三相比玩法一增加了颜色认知和数字计算的练习，挑战难度加大。玩家可以根据自身情况选择游玩。

最多 4 名玩家共同游戏。垂钓之前，玩家先投掷颜色骰子。投出什么颜色，之后就要钓起什么颜色的海洋生物，越快越多越好。计时 3 分钟后（也可以根据玩家情况调整时长），每名玩家将自己钓到的海洋生物背后的数字加起来，计算总分，颜色错误的海洋生物不计分。得分最高的玩家获胜。

玩法四：钓鱼大闯关

玩法四需要玩家同时识别海洋生物的颜色和形状，也需要玩家进行简单的加法计算，难度进一步提升。玩家可以根据自身情况选择游玩。

最多 4 名玩家共同游戏，按照座位顺时针方向轮流投掷骰子和垂钓。

玩家先要投出两枚骰子，这样就确定了海洋生物的颜色和品种。接着玩家就要快速找到这种海洋生物，并尝试将其钓起来。垂钓成功，玩家就能获得其背后的分数。

垂钓结束，换下一位玩家投骰子和垂钓。若投出的海洋生物已经不再场上，则此轮轮空，直接交由下一位玩家继续投骰子和垂钓。

每名玩家投过一次骰子记为一轮。六轮游戏后，游戏结束，计算每名玩家获得的总分，总分最高的获胜。

得心应手 移动魔方

移动魔方是一款略有挑战性的空间智力游戏。游戏中，玩家需要根据题卡上的颜色分布和数字信息，或者三维空间的遮挡信息，正确摆放彩色立方体积木。整个过程非常锻炼玩家的颜色识别、数量匹配、空间匹配、空间想象等认知能力。只有观察清晰，摆放准确，才能顺利完成挑战。

一、康养目标

9大健智锻炼：

☐ 注意力训练　　☑ 判断识别能力训练　　☐ 记忆力训练
☑ 表达能力训练　　☑ 理解能力训练　　☐ 计算能力训练
☐ 逻辑能力训练　　☐ 精细活动训练　　☐ 整体协调训练

功能目标：

1. 明辨特征，对应匹配，锻炼综合观察能力。
2. 正确把握空间关系，锻炼空间认知能力。
3. 眼明手快，操作自如，锻炼精细动作能力。

二、背景知识

空间知觉是指对物体距离、形状、大小、方位等空间特性的知觉。人们生活在一个三维的空间中，一切活动都必须对空间做出适当的判断，否则就会发生困难甚至遇到危险。因此我们的几乎一切行动都离不开空间知觉的配合。

当我们观察周围的世界时，事物在我们双眼的视网膜上会形成略有不同的映像，大脑对这些映像进行加工处理，才让我们形成一个三维的空间映像。这就是我们观察物体空间关系的重要线索，即双眼视差。除了双眼视差，还有许多线索可以帮助我们知觉到物体的远近、深浅。比如近大远小、遮挡物在前被遮挡物在后等。

空间知觉会随年龄增长而下降，并且下降速度也会越来越快。空间知觉能力的下降会导致老年人偶尔出现动作失误。比如，想把手中的杯子放回桌子上，明明杯子还没有到达桌面，却误以为已经在桌面上了而松手，导致杯子摔落。又如，上下台阶时，把握不了台阶的高低深浅关系，就容易使老年人摔倒。造成这些变化的原因可能是高级视觉中枢发生了退化。这种变化是缓慢发生的，老年人只要认识到这种变化的规律，创造较好的条件，就会逐渐适应这种变化，减少对正常生活的影响。

这些良好条件包括：定期检查视力，佩戴合适的眼镜；保证照明充足，避免眼睛疲劳；老年用品和读物使用更大更醒目的字体、字号，目标与背景的对比更加明显。

三、玩法详解

玩法一：自由堆叠

自由堆叠玩法不需要题卡，最多4名玩家可以同时游戏。

游戏中，玩家各自占用一个正方形凹槽，在凹槽内随意堆叠积木，锻炼手部运动能力。

若要进行多人竞赛，可以邀请玩家挑战将积木搭得越高越好。玩家自行决定何时停止堆叠，统计最终成绩。若积木倒塌则宣告失败；若积木保持稳定、不倒塌，则计算积木塔的高度，堆叠最高的玩家获胜。

玩法二：平面题卡挑战

在平面题卡挑战中，玩家需要根据题卡，在面前的方格凹槽内摆出对应的积木造型。题卡上的颜色方格表示积木块的位置和颜色。比如，题卡第一行第一列若有一个红色方格，代表要在方格凹槽的第一行第一列位置摆放红色积木。题卡上的数字表示这个位置堆叠的积木数量。如果数字为1，说明只需要在这个位置放入1个积木；如果数字为2，就要在这个位置叠放2个积木，以此类推。

游戏最多2人同时参加。开始游戏前，抽取一张平面题卡，放于棋盘中央的凹槽内。题卡正反面相同，2名玩家同时开始，根据题卡摆放积木。先完成堆叠并且摆放正确的一方获胜。

玩家可以根据自身情况进行多轮挑战，设定三局两胜或五局三胜。

玩法三：立体题卡挑战

在立体题卡挑战中，玩家需要根据题卡，在面前的方格凹槽内摆出与题卡造型一模一样的积木。这需要玩家认真观察题卡中的形状特征，把握各个积木的颜色和空间关系，并想象其中的遮挡关系，将图中的积木一比一还原到三维空间中。这一玩法相比平面题卡挑战更加困难，非常锻炼玩家的观察力和空间想象力。玩家可根据自身情况选择玩法。

游戏最多2人同时参加。开始游戏前，抽取一张立体题卡，放于棋盘中央的凹槽内。题卡正反面相同，2名玩家同时开始，根据题卡摆放积木。先完成堆叠并且摆放正确的一方获胜。

玩家可以根据自身情况进行多轮挑战，设定三局两胜或五局三胜。

游戏篇

慧	眼	识	珠
挪	彩	珠	

挪彩珠是一项锻炼颜色和空间识别、匹配能力的趣味桌面游戏，也能锻炼玩家的手部力量和手眼协调，提升精细动作能力。游戏包含1个带有凹槽的棋盘，36个相同大小的彩珠，1个可以夹起彩珠的木夹子，以及25张正反面的题卡。游戏中，玩家需要根据题卡显示的信息，将彩珠摆放成对应的样子，摆放正确且速度越快，玩家的表现就越好。此外，玩家也可以发挥想象力，自由摆放彩珠，构成一定图案。

一、康养目标

9大健智锻炼：

- ☑ 注意力训练
- ☑ 判断识别能力训练
- ☐ 记忆力训练
- ☐ 表达能力训练
- ☐ 理解能力训练
- ☐ 计算能力训练
- ☐ 逻辑能力训练
- ☑ 精细活动训练
- ☐ 整体协调训练

功能目标：

1. 明辨特征，对应匹配，锻炼综合观察能力。
2. 眼明手快，操作自如，锻炼精细动作能力。
3. 空间关系，灵活把控，提升空间能力和想象力。

二、背景知识

随着年龄的增长，人们对颜色的辨别能力也在减弱。老年人对光谱上的蓝、绿端的辨别能力衰退得更为明显，对红、黄端的衰退则要慢一些。有研究表明，60~70岁的老年人对颜色的辨别能力为年轻人的76%，70岁后颜色感受性明显降低，到90岁时，老年人能正确辨认的颜色不到一半[32]。

从事美术、印染等工作的人，对颜色的辨别能力会比一般人强。这说明颜色辨别能力是可以锻炼和培养的。不过对于一般的老人而言，衰老过程中颜色视觉的变化很少会影响正常生活。认识到这种变化的规律，为老年人创造良好的条件，比如保证环境光线的充足，使用亮度更高、更加鲜明的色彩，就可以帮助老年人更好地适应这种变化，生活得更加安全、舒适。

三、玩法详解

玩法一：挪彩珠

挪彩珠玩法主要锻炼玩家的手部力量和手眼协调能力。

游戏最多4人同时进行。游戏前，先将所有彩珠放到棋盘的凹槽内。在2分钟时间内，玩家从棋盘中拿取彩珠到自己面前的凹槽内，拿取的数量越多越好。2分钟计时结束后，拿取的彩珠数量最多的玩家获胜。

拿完彩珠，玩家可以继续挑战放回彩珠。方法是，先为每名玩家分发数量相同的彩珠，之后各玩家用最快的速度将彩珠一个一个放入棋盘中央的凹槽内，最先放完的玩家获胜。

游戏时，也可以规定每名玩家各自拿取/放回什么颜色的彩珠，锻炼玩家的颜色识别能力。参与游戏的几名玩家最好能力水平相近，避免玩家受挫。

玩法二：夹彩珠

夹彩珠与挪彩珠相似，区别是以夹子夹取彩珠代替用手抓取彩珠。夹彩珠的动作需要玩家控制手部开合的力量，灵活使用工具，因此比直接动手挪彩珠更难，可进一步锻炼玩家的手部动作能力。

游戏中，1名玩家需要尝试用夹子夹取彩珠放到棋盘中央，再尝试用夹子从棋盘上夹出彩珠。彩珠的数量根据玩家的能力而定，一开始可以少夹几个，避免过度紧张和疲劳，熟练后可以逐步增加彩珠的数量。在玩法三、玩法四中，玩家也可以选择用夹子夹彩珠完成挑战。

玩法三：依图排形

依图排形玩法可以由1名玩家挑战，也可以由几名玩家合作完成。玩家需要根据题卡，在棋盘上将彩珠摆成对应的样子，正确摆放并且用时越短越好。

题卡正反面不同，下方标有难度星级，星星越多，代表越困难。玩家可以根据自身水平，从低星级开始挑战，循序渐进增加难度。

题卡共有三类题目：二维摆放、三维摆放以及对称摆放。

在二维摆放题目（平面题卡）中，彩珠不相互堆叠。玩家只需根据题卡，将彩珠逐一挪入正确位置即可。

在三维摆放题目（立体题卡）中，彩珠可能有堆叠的情况。比如下面这张题卡中，两个绿色彩珠就各自叠在四个彩珠之上。玩家需要从题卡上准确读懂这种堆叠的关系，并在三维空间内还原出来。

在对称摆放题目（对称题卡）中，题卡只显示了一半彩珠的摆放方式。玩家需要根据对称的原理，将剩下一半的彩珠也正确摆放出来。

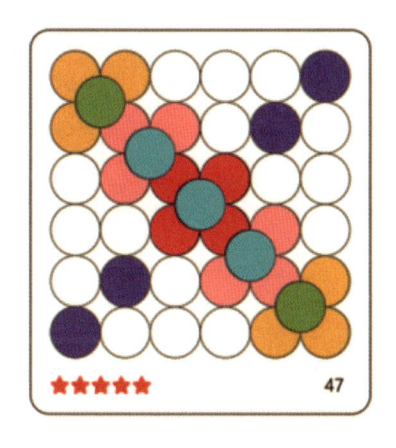

玩法四：自由排形

　　除了按照题卡的样子摆放彩珠，玩家也可以发挥创意，自由用彩珠排出不同的图案或造型。可以只是简单地让同种颜色的彩珠排排队，也可以摆出三角形、方形，或者花朵的样子。自由表现，放松心情。

记忆犹新 怀旧拼图

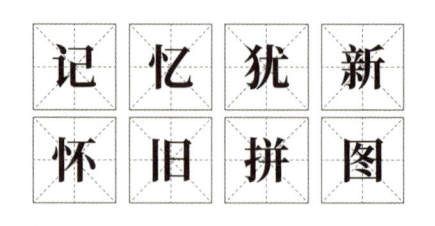

怀旧拼图是一款锻炼玩家综合观察能力和形状匹配能力的趣味拼图游戏。它由 1 块作为拼图底板的棋盘和 20 片不同形状的拼图片组成。拼图片正面绘有图案，可以拼成教室、路边摊、小卖铺、自行车修理摊、晒谷场、理发店六种怀旧场景，带领玩家回忆旧日生活，畅聊过去的记忆。拼图片背面标有数字序号，可以辅助玩家进行拼图游戏，适应玩家水平。

一、康养目标

9 大健智锻炼：

☑ 注意力训练　　☑ 判断识别能力训练　　☐ 记忆力训练
☑ 表达能力训练　　☐ 理解能力训练　　☐ 计算能力训练
☐ 逻辑能力训练　　☐ 精细活动训练　　☐ 整体协调训练

功能目标：

1. 专注观察，对应匹配，锻炼综合观察能力。
2. 眼明手快，操作自如，锻炼精细动作能力。
3. 怀旧回忆，舒缓情绪，提升幸福感。

二、背景知识

怀旧疗法作为一种有效的心理治疗方法，常用于老年痴呆症患者和老年人群体。这一疗法主要借助有形的提示（如熟悉的物品、照片、音乐等）帮助患者回忆过去，唤起和讨论过去的事件和经历，从而起到改善情绪、认知，促进环境适应，提高生活质量和幸福感等积极的疗效。

1963年，美国精神科医生罗伯特·巴特勒根据埃里克森的心理社会发展理论和阿奇利的连续性理论，首次提出"生命回顾"的理念，指出在老年阶段对生命的回顾（即怀旧）有利于老年人完成自我整合、适应老年化。20世纪80年代，诺里斯首次将怀旧疗法引入老年痴呆症的照护中，通过展示一些辅助材料让患者共同讨论，唤起患者对过往事件和经历的回忆，提升患者的情绪和幸福感。如今，不少研究都表明怀旧疗法有助于改善老年人的抑郁症状和孤独感，怀旧疗法得到了更广泛的应用。

在怀旧疗法中，老年人的记忆不断得到唤起和强化，这让老年人的思维保持高度活跃，有利于保持残余记忆，甚至修复部分记忆。怀旧疗法带领老年人回顾生命过程，特别是生命中那些快乐的、有意义的重要片段。这种回忆会带给老年人熟悉感和愉悦感，并让老年人得以重新整合人生经验，觉察自身的生活意义。另外，回忆的过程需要交谈讲述，这也能提高老年人的语言能力和社交能力，进一步起到改善认知功能的效果。

三、玩法详解

利用怀旧拼图可以进行普通的拼图游戏，也可以在拼图后直接借助拼图上的图案，引导老年人说说过去的事情，用怀旧激发老年人的自信心和幸福感。

玩法一：拼图游戏

拼图游戏建议1名玩家进行。玩家需要将打乱的拼图片，重新拼合成完整的图案，速度越快越好。

游戏篇

拼图片共有 20 片。游戏时，可以根据玩家的水平减少拼图片的数量，以保证玩家专注、耐心地完成拼图片的拼合，避免玩家受挫。当玩家遇到困难时，也可以提醒玩家拼图背后有数字，数字可以辅助完成拼图。

玩法二：怀旧回忆

怀旧回忆可以由工作人员陪同 1 名老人进行，也可以作为团体活动小组进行。以怀旧拼图的图案作为引入，工作人员可以引导老人说说自己的相关经历，倾听老人的回忆。

如意算盘 数字运算

数字运算是一款锻炼数量匹配和运算能力的趣味桌面游戏。游戏中，玩家需要根据投出的骰子点数拿来或拿走对应数量的棋子，既要依靠运气，也要正确识别和匹配数量，眼明手快，完成挑战。

数字运算的棋盘四角各绘有一棵不同颜色的大树，每棵树上有 20 个圆形凹槽，正好可以放入 20 枚圆形棋子。棋子有四种颜色，与大树颜色对应，每种颜色各 20 枚，共计 80 枚。棋盘中央空白处可以放一个配套的不织布小筐，用于收纳棋子。

一、康养目标

9 大健智锻炼：

☐ 注意力训练　　☑ 判断识别能力训练　　☐ 记忆力训练
☐ 表达能力训练　☐ 理解能力训练　　　　☑ 计算能力训练
☐ 逻辑能力训练　☑ 精细活动训练　　　　☐ 整体协调训练

功能目标：

1. 眼明手快，操作自如，锻炼精细动作能力。
2. 精打细算，准确匹配，锻炼数学计算能力。
3. 全神贯注，细心分辨，提升专注观察能力。

二、背景知识

数字运算的基本操作方法属于插棍游戏。插棍游戏是一项经典的感觉统合训练游戏。这类游戏要求按照颜色、顺序逐一将棍子插入木板中。颜色如何配对，顺序如何保持，以及如何准确地拿取棍子并插入木板中的凹槽内，都是在锻炼玩家的手眼协调能力和分辨能力。

感觉统合指的是人们在环境中有效利用自己的感官，通过不同的感觉通路（视觉、听觉、味觉、嗅觉、平衡感觉等）从环境中获取信息输入大脑，大脑再对其进行加工处理，并做出适应性反应的能力。大脑的各项功能协同配合，与身体相互协调，才让我们可以正常地适应周围的环境，思考、说话或做出动作。

而随着年龄增长，老年人感知觉系统的结构和功能都在发生退化。老眼昏花、耳聋耳背都是感知觉功能衰退的表现。动作不灵活、反应变慢也是老年人经常抱怨的变化。因此，借助日常活动和专门的认知游戏，进行一些需要多感官、多系统参与的训练，可以帮助老年人协调各系统功能，提高生活自理能力，增强自信心。

三、玩法详解

玩法一：棋子摆放

棋子摆放可以单人进行，也可以多人同时进行。游戏玩法就是将不织布筐里的任意棋子插到棋盘上的凹槽内，插满一棵大树即挑战成功，记录完成的时间。

这一玩法较为基础，主要锻炼玩家的精细动作，帮助玩家熟悉这款器具，为其他玩法做热身准备。插满一棵大树后，玩家可以继续练习从凹槽中拔出棋子的动作。

玩法二：颜色分类

颜色分类玩法可单人进行，也可以多人同时进行。这一玩法在玩法一的基础上加入了颜色辨别和分类的练习，进一步锻炼玩家的专注力和观察力。

游戏玩法是根据棋子的颜色，将它们分类插到对应颜色的凹槽内。每次游戏可以给玩家一定数量的棋子进行挑战，比如完成10枚、20枚棋子，记录完成的时间。挑战的数量根据玩家的情况设定，避免玩家疲劳和受挫。

玩法三：按数摆放

按数摆放玩法可以单人挑战，也可以多人轮流进行。每名玩家对应一棵大树。游戏时，玩家先要投掷一颗骰子，再根据投出的点数，往大树中插入对应数量的棋子，直到将大树填满即为成功。玩家轮流进行投掷和摆放，最先将一棵大树填满的一方获胜。

将各自的大树填满之后，下一轮游戏玩家可以轮流投骰子，根据骰子点数从树上拔出棋子。此时最先拔完全部棋子的一方获胜。

这一玩法进一步锻炼了玩家的数量匹配和计算能力。根据玩家的情况，可以规定只能拿取和大树相同颜色的棋子插入凹槽，或者任意颜色都可以，从而调整挑战难度。

玩法四：加减运算

使用棋子还可以练习加减运算。

一人出题，如3加2等于几？玩家先拿3枚棋子，再拿2枚棋子，就能得到3+2=5。

游戏篇

手到擒来 大块拼图

大块拼图是一款锻炼玩家综合观察能力和形状匹配能力的趣味拼图游戏。它包含一块棋盘和四款不同图案的拼图。各拼图块上都标有形状和数字，用于提示它属于哪一款拼图。玩家可以根据棋盘上的轮廓提示，找出对应的形状完成拼图；也可以根据拼图块之间的咬合关系，在空白棋盘上自行将拼图拼完整。游戏过程少不了耐心、专注，非常锻炼玩家的观察力和空间能力。

一、康养目标

9大健智锻炼：

- ☑ 注意力训练
- ☑ 判断识别能力训练
- ☐ 记忆力训练
- ☐ 表达能力训练
- ☐ 理解能力训练
- ☐ 计算能力训练
- ☐ 逻辑能力训练
- ☐ 精细活动训练
- ☑ 整体协调训练

功能目标：

1. 专注观察，对应匹配，锻炼综合观察能力。
2. 眼明手快，操作自如，锻炼精细动作能力。

二、背景知识

拼图是一类流行于全球的经典智力游戏。它是指将一幅图中分散的图案拼合成一幅完整的画面。该游戏老少咸宜，主要锻炼观察力、判断力和空间方位认知。

拼图最早出现于18世纪的英、法两国。当时的拼图是将图片粘在硬纸板上，再将硬纸板裁剪成不规则的碎片制作而成，主要作为传授历史、地理等知识的教具使用，最具代表性的就是地图拼图。20世纪初，拼图游戏开始在欧美流行，从原本的富人游戏变为了寻常百姓也能消费的玩具，并掀起了拼图浪潮。之后，拼图被赋予了教育、娱乐价值之外的广告、宣传意义，画面更加丰富，材质更加多样，并一直流行至今。

三、玩法详解

玩法一：分类

本玩法适合单人进行，也可以多人合作完成。游戏用到的是棋盘平整的一面。

将拼图块放在棋盘上，打乱后，玩家根据拼图块上标注的图案（数字外的轮廓）将拼图分成四类，越快越好。

除了按图案分类，也可以请玩家按照拼图块的颜色给拼图块分类。

这一玩法主要锻炼玩家的观察力和专注力，也可以帮助玩家熟悉大块拼图，为其他玩法做热身准备。

玩法二：轮廓拼图

大块拼图共有四款不同图案的拼图，最多4名玩家可以同时进行拼图游戏。游戏用到的是棋盘有凹槽的一面。

根据拼图的数量和图案，四款拼图难度不同：五边形拼图有6块，难度最低；圆形拼图有7块，难度略有提高；蜗牛拼图和小鱼拼图各有10块，难度最高。玩家可以选择适宜的难度进行挑战，循序渐进完成练习。

选定图案后，玩家将拼图块从凹槽中取出，打乱拼图块，再根据凹槽中给出的轮廓，找到对应的拼图块放入凹槽内，直到重新将图案拼完整，速度越快越好。

这一玩法主要锻炼玩家的形状观察、匹配能力以及专注力。若玩家可以熟练根据提示进行拼图，则可以进一步挑战独立拼图。

玩法三：独立拼图

最多4名玩家可以同时进行拼图游戏。游戏用到的是棋盘平整的一面。

选定图案后，玩家将拼图块放到棋盘桌面上，根据拼图块的形状，将其重新拼成完整的图案，速度越快越好。

拼图块表面标有数字，玩家也可以根据数字的顺序摆放拼图，降低拼图难度。

玩家可以根据自身水平选择合适难度的图案，拼完一款再拼下一款，循序渐进提高难度。将多款拼图混在一起尝试拼图，可以进一步增加难度，锻炼玩家分类和观察能力。

传统编织

编织是人类最古老的手工艺之一,是一种用双手或工具将条状物互相交错或勾连,形成条形或块状作品的工艺操作。早在旧石器时代,人类就已经会将植物韧皮编织成网罟,用于生产、生活。随着历史发展,不同地区的人民发展出了越发精湛又各具特色的编织技艺,编织的功能越来越丰富,编织的作品越来越精美。

老年人参与编织活动,可以增强上肢肌力和关节活动范围,训练专注力、精细动作能力和协调能力。编织完成的作品也有助于提升老年人的自信心和价值感,改善精神状态,改善和增强劳动能力。

游戏篇

传统织布机

传统织布机是在中国古老的织布机基础上，利用经纬交织的原理改进而来，是一种简化的益智手工设备。使用传统织布机，可以发挥创意，设计、编织围巾、杯垫等独具匠心的个性作品，锻炼老年人的专注力、想象力、手眼协调等综合能力，让老年人在传统的编织操作中回忆往昔生活，提升艺术审美，延缓认知衰老。

一、康养目标

9大健智锻炼：

- ☑ 注意力训练
- ☐ 判断识别能力训练
- ☐ 记忆力训练
- ☐ 表达能力训练
- ☐ 理解能力训练
- ☐ 计算能力训练
- ☐ 逻辑能力训练
- ☑ 精细活动训练
- ☑ 整体协调训练

二、材料准备

传统织布机、梭子、毛线。

三、操作方法

1. 将织布机顶端的拨块向前后任意方向拨动（图例为前方）。此操作是将经线上下两排分离。

2. 将梭子从上下两排分离的经线之中穿过，留一段线在外边可最后处理。

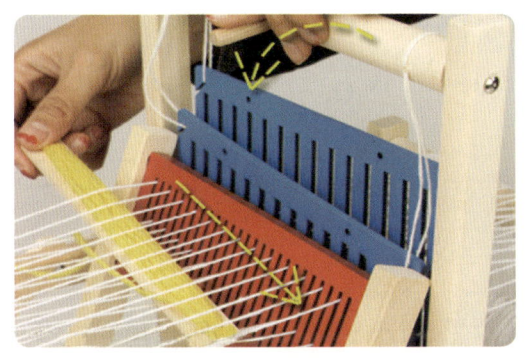

拨块向前方拨动，经线上下两排分离 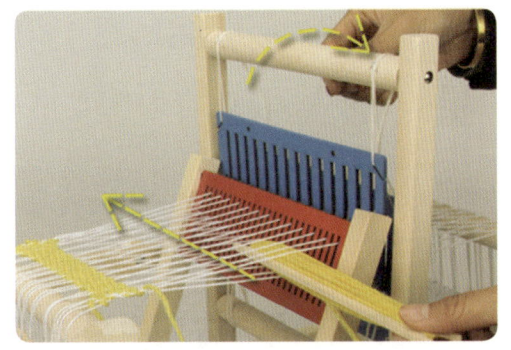　　　拨块向后方拨动，经线上下交替切换

3. 将拨块往反方向转（图例为后方），使得经线上下交替切换。

4. 将梭子从上下两排经线之中穿回。

5. 梭子每穿过一次经线，都需要用红色的梳理板整理毛线。这样可以使编织品更整齐美观。

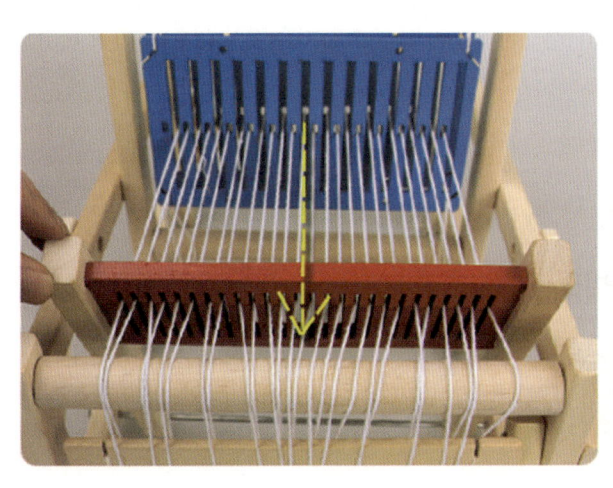

温馨提示：

在穿线过程中，切勿将毛线拉得太紧，尽量跟经线齐宽，这样织出的作品会更美观。

游戏篇

星形编织器

这是一款非常好玩的编织器。它造型小巧可爱，形似星星，只要将七根线放入编织器的凹槽内，再重复拿线、放线，就可以编出漂亮的绳链作品。老年人可以用这款编织器编织鞋带、头带、手链、眼镜带等，也可以通过改变毛线的颜色，或增加小珠子、亮片等材料装饰绳链，创作出更具美感和装饰性的作品。简单易学的编绳操作可以锻炼老年人的专注力、手眼协调能力和精细动作能力，提升艺术审美，延缓认知衰老。

一、康养目标

9大健智锻炼：

☑ 注意力训练	☐ 判断识别能力训练	☐ 记忆力训练
☐ 表达能力训练	☐ 理解能力训练	☐ 计算能力训练
☐ 逻辑能力训练	☑ 精细活动训练	☑ 整体协调训练

二、材料准备

星形编织器，不同颜色的毛线，铃铛、珠子等装饰。

三、操作方法

1. 选择七根相同长度的毛线，理顺放在一起，一端对齐，打结固定。

2. 将打好的绳结穿过编织器中央圆孔，七根线朝一个方向依次固定在编织器凹槽里，把线拉紧。

3. 从没有放线的凹槽开始数，间隔两格把第三个凹槽里的线放入没有放线的凹槽，然后旋转编织器，重复间隔两个凹槽放线，注意一定要按同一个方向旋转，依次循环，反复练习，作品就会从编织器中央圆孔处呈现。

4. 编到合适长度后，将所有线从凹槽取下，打结收尾。

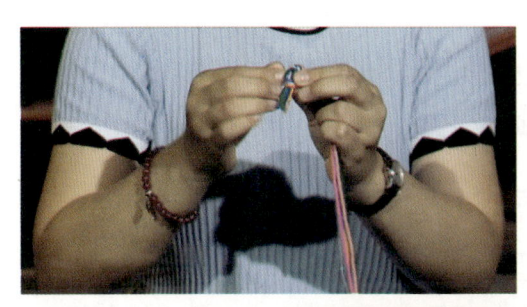

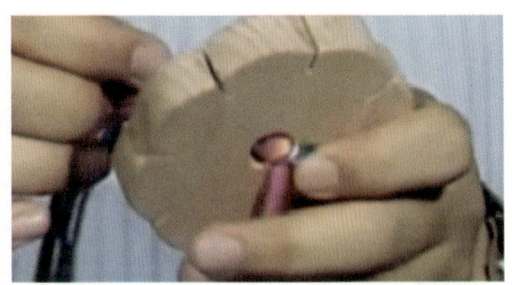

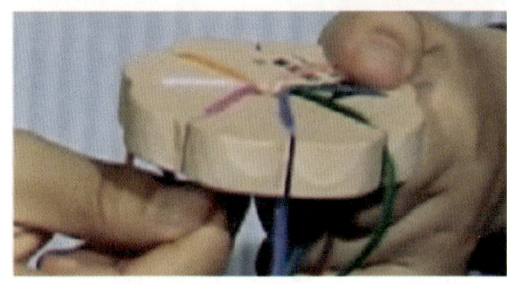

温馨提示：

1. 刚学习编织时，可以选择七根不同颜色的毛线，方便区分。

2. 编织过程中，最好一边编织，一边将还没有编织的毛线理顺，防止毛线打结。

3. 编织过程中，可以往毛线上穿入小铃铛或小珠子，穿过编织器中央圆孔再继续编织，作为装饰。

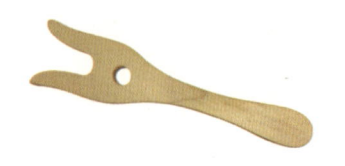

叉形编织器

叉形编织器造型小巧、方便携带、操作简便，可随时随地进行编织。它可以用于手链、包带、鞋带等长条绳链的编织，也可以利用编织好的绳链盘旋成杯垫、坐垫等各种造型，可塑性强，创作灵活。编织过程可以锻炼老年人的专注力、创造力、手眼协调能力和精细动作能力，提升艺术审美，延缓认知衰老。

一、康养目标

9 大健智锻炼：

- ☑ 注意力训练
- ☐ 判断识别能力训练
- ☐ 记忆力训练
- ☐ 表达能力训练
- ☐ 理解能力训练
- ☐ 计算能力训练
- ☐ 逻辑能力训练
- ☑ 精细活动训练
- ☑ 整体协调训练

二、材料准备

叉形编织器、毛线。

三、操作方法

1. 毛线穿过叉形编织器上的圆孔，在两个分叉上以"8"字形缠绕两次。

2. 将编织器底部的线绕过分叉从顶端取出，随后拉紧前后的线，调节手链的松紧。

3. 重复"8"字形绕线、取线，就能编出越来越长的链子。

4. 将线头依次穿过分叉上的两个线圈，拉紧收尾。

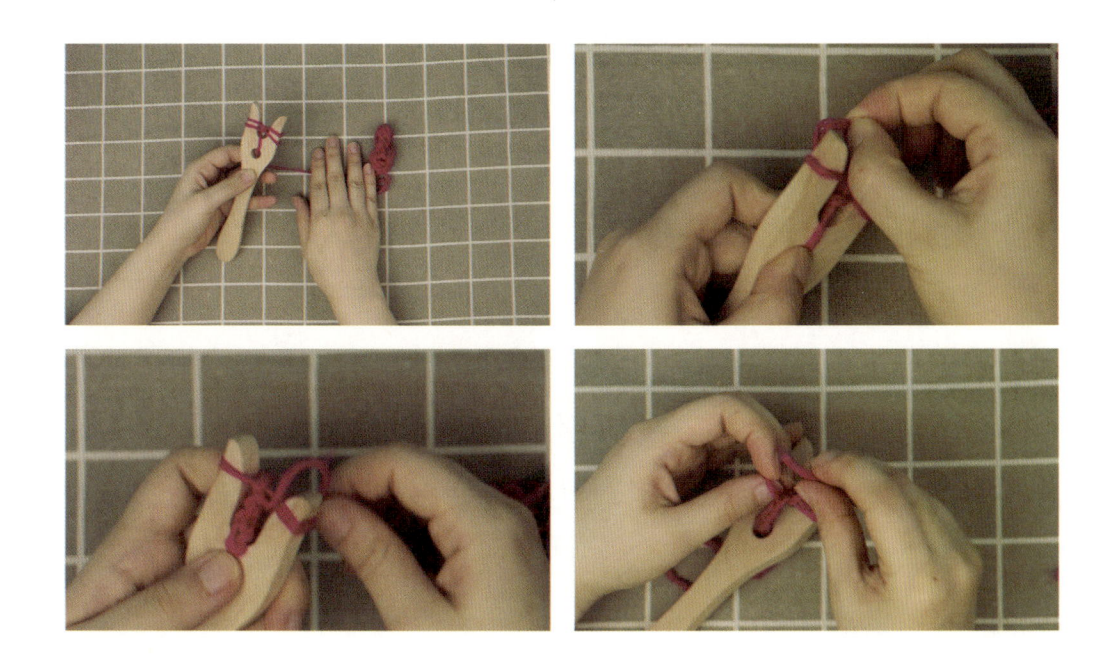

温馨提示：

编织过程中，绕线可以稍松一些，方便取线。

游戏篇

手握编织器

手握编织器造型小巧可爱，形似蘑菇，可以用于编织中央空心的绳链作品。编织时需要用到钩针辅助，非常锻炼老年人的专注力、手眼协调能力和精细动作能力。灵活多样的编织活动可以修身养性，培养老年人的艺术审美，延缓认知衰老，陪老年人度过健康快乐的晚年生活。

一、康养目标

9大健智锻炼：

☑ 注意力训练　　☐ 判断识别能力训练　　☐ 记忆力训练
☐ 表达能力训练　☐ 理解能力训练　　　　☐ 计算能力训练
☐ 逻辑能力训练　☑ 精细活动训练　　　　☑ 整体协调训练

二、材料准备

手握编织器、钩针、毛线。

三、操作方法

1. 将毛线在钩针上打结固定，用钩针带着毛线穿过手握编织器。

2. 将毛线由内而外依次缠绕在编织器顶端的四个铁环上，再沿着四个铁环外围缠绕一圈。

3. 用钩针将底层的毛线依次钩出，绕过铁环，重复绕线和钩线，作品就会从手握编织器的下端逐渐延伸出来。

4.编到合适长度后,将线头穿过四个铁环上缠绕的线圈进行收尾,即可取下作品。

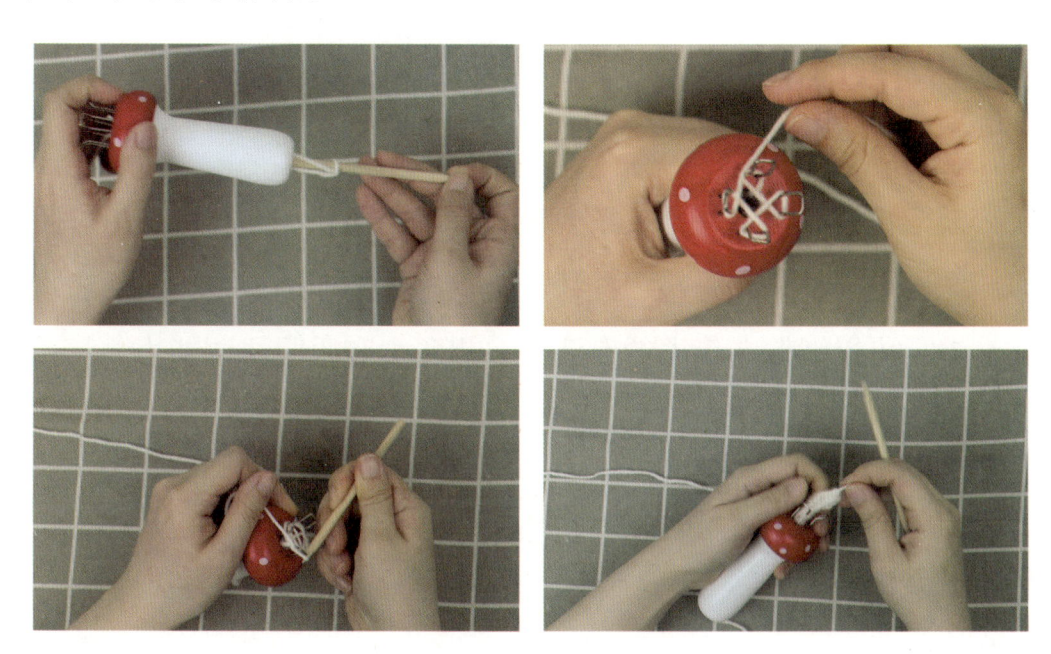

温馨提示：

编织过程中,绕线可以稍松一些,方便钩线。

波浪形编织机

波浪形编织机由一个长条底座和多个带小孔的小棒组成。它可以编织围巾、杯垫、坐垫、挂毯、包等多样的作品，创作灵活，操作简单，可以锻炼老年人的专注力、想象力和手眼协调能力，培养艺术审美，丰富老年人的生活。

一、康养目标

9大健智锻炼：

☑注意力训练　　□判断识别能力训练　　□记忆力训练

□表达能力训练　　□理解能力训练　　　　□计算能力训练

□逻辑能力训练　　☑精细活动训练　　　　☑整体协调训练

二、材料准备

波浪形编织机、不同材质的毛线、剪刀。

三、操作方法

1.剪取若干条相似长度的长毛线，分别穿过小棒的小孔中，注意毛线两端要拉得一样长，并且毛线越长，可以制作的作品就越长。再将小棒插到波浪形编织机底座的孔中。要做多宽的作品，就要在多少根小棒上穿入毛线并插在底座上，作为编织的底线。

2.选择喜欢颜色的线，在最边上的小棒上打结固定，再按照S形的方式一前一后，来回循环缠绕在各个小棒上。缠绕的过程中要按好小棒，不要让小棒从底座上掉下。

3. 缠绕过程中，可以更换线的颜色，让作品的图案更丰富。

4. 当小棒被缠满时，可以将小棒依次拔起，把小棒上的线拨到小棒底下的毛线上，再将小棒插回底座中，继续重复 S 形绕线，直到作品达到希望的长度。

5. 绕线完成后，把线全部拨到与小棒相连的底线上，将底线末端两两打结固定，再从小棒上依次剪下底线，两两打结固定。最后修剪一下两端的线头，作品完成。

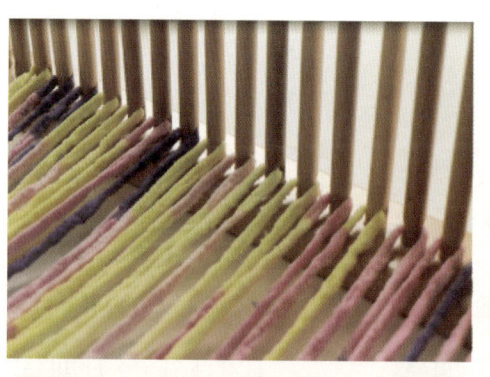

温馨提示：

编织时，底线可以选择相对较细的线（如牛奶棉毛线），缠绕编织的线可以选择粗一些的线（如珊瑚绒毛线）。

游戏篇

圆形编织器

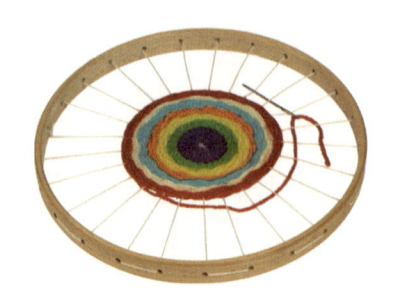

这款编织器侧面共有 25 个孔，线可以穿过这些小孔，形成放射线形状的编织框架，从而编织出圆形的编织品。老年人可以活用各种编织材料进行编织创作，操作灵活，富有趣味，非常锻炼专注力、想象力和手眼协调能力。

一、康养目标

9 大健智锻炼：

☑ 注意力训练　　☐ 判断识别能力训练　　☐ 记忆力训练
☐ 表达能力训练　　☐ 理解能力训练　　　　☐ 计算能力训练
☐ 逻辑能力训练　　☑ 精细活动训练　　　　☑ 整体协调训练

二、材料准备

圆形编织器、不同材质的毛线、针、剪刀。

三、操作方法

1. 穿底线：将适当长度的线穿过圆形编织器的一个孔，在编织器上打结固定；再用线依次连接正对着的两个孔，将线穿成放射状，注意把线拉紧；余线缠绕在圆心处打结固定。

2. 编织作品：取合适颜色和材质的线，一头缠在圆心处，再一上一下依次绕过底线，一圈圈向外扩展，编织过程中可以变换线的颜色，或缠绕丝带，或粘贴毛球，丰富作品。

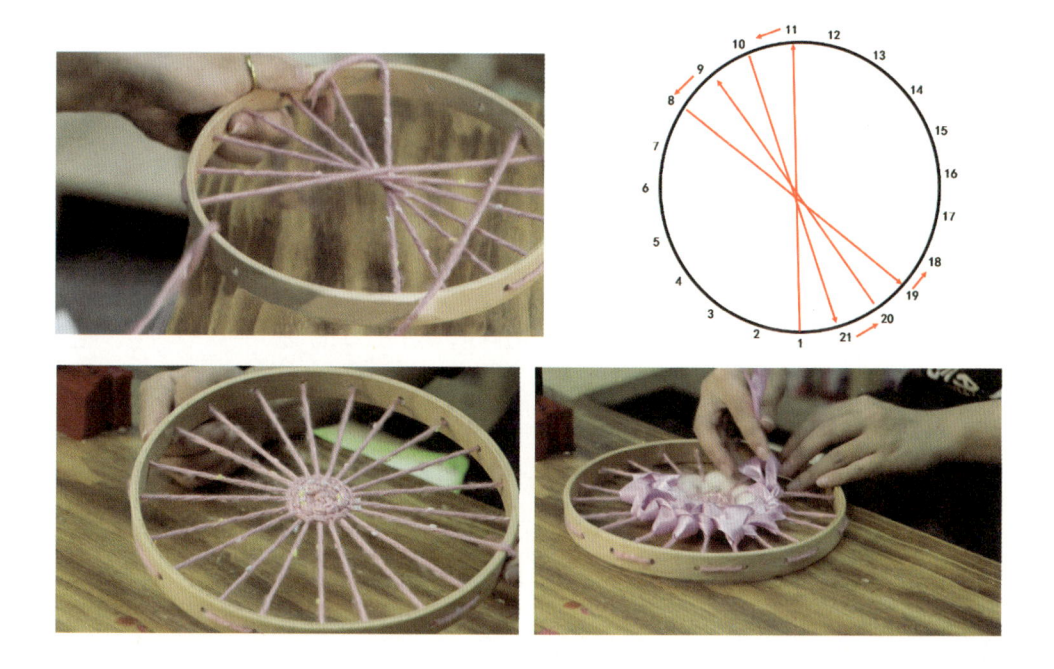

3.收尾：编织完成后，剪断缠在编织器上的底线，两两打结固定，取下作品，最后剪掉多余的底线，完成制作。

温馨提示：

1. 穿底线时，可利用针进行辅助。
2. 搭配不同的材质和颜色可以让作品更加美观。

游戏篇

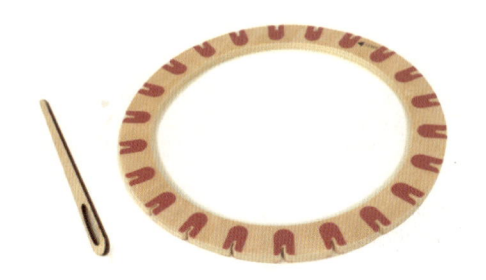

垫子编织机

垫子编织机整体呈圆环形。利用边缘的凹槽穿好底线后，它可用于编织圆形的编织作品。它的操作简单，编织样式变化灵活，除了可以编织圆形杯垫，也可以在圆的基础上变化出更多造型，或是将两块圆形杯垫缝合做成小包。老年人可以在活动中提升艺术审美，充分发挥创造力和主动性，锻炼手眼协调和专注力，用编织充实生活。

一、康养目标

9大健智锻炼：

☑ 注意力训练　　☐ 判断识别能力训练　　☐ 记忆力训练
☐ 表达能力训练　☐ 理解能力训练　　　　☐ 计算能力训练
☐ 逻辑能力训练　☑ 精细活动训练　　　　☑ 整体协调训练

二、材料准备

垫子编织机、不同材质的毛线、剪刀、丝带蕾丝等装饰。

三、操作方法

1. 找到垫子编织机上的Start位置，将毛线的一端放入Start对应的凹槽里，并打结固定。

2. 寻找打结凹槽的对角线凹槽，将线放入该凹槽，再向它相邻的凹槽平移，穿过相邻凹槽，继续寻找对角线的凹槽。就这样按照凹槽——平移——对角线的方法，反复缠绕底线，让线逐渐形成放射线形状。

3. 最后毛线回到 Start 的凹槽处，将尾端毛线打结固定，多余线头剪掉，穿底线完成。

4. 固定好底线后，拿毛线从中间往外将毛线一上一下，均匀有序地一根隔着一根绕，一圈一圈慢慢地绕到底线上，进行缠绕编织。过程中可以变换毛线的颜色和材质，丰富作品的视觉效果，直到编织成想要的大小。结尾的毛线打结处理。

5. 将底线从编织器上取下，末端打结固定，剪去多余的线头。

温馨提示：

作品取下后，一定要每个结都打紧实固定好，防止作品在日后使用中散开。

游戏篇

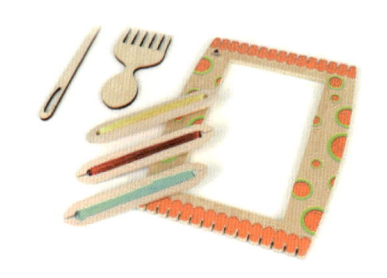

鼓形编织机

鼓形编织机利用了传统梭织的技艺，通过将经线和纬线相互垂直交织在一起形成织物。编织器配有梭子、梳子和针，操作简便，可以发挥创意制作杯垫、壁挂装饰、手机包等丰富多样的作品，非常锻炼老年人的专注力、手眼协调能力和创造力，鼓励老年人动手动脑，用编织增添生活情趣、美化生活。

一、康养目标

9大健智锻炼：

- ☑ 注意力训练
- ☐ 判断识别能力训练
- ☐ 记忆力训练
- ☐ 表达能力训练
- ☐ 理解能力训练
- ☐ 计算能力训练
- ☐ 逻辑能力训练
- ☑ 精细活动训练
- ☑ 整体协调训练

二、材料准备

鼓形编织机、梭子、梳子、不同材质的毛线、剪刀。

三、操作方法

1. 打底：先将毛线绑在 Start 旁边的卡槽处，打结固定，接着将毛线从上往下卡在下方卡槽中，从背后绕到相邻的卡槽，再从下往上卡到上方卡槽，继续从背后绕到相邻的卡槽，重复一上一下地缠绕经线，最后用与起始相同的方式打结固定在编织框上。缠绕时注意拉紧经线，避免之后编织不平整。

2. 编织：选择喜欢的线，绕在梭子上，线头先打结固定在经线上，再使用梭子一上一下穿越经线，来回穿梭，进行编织。中途接线或换线都要注意打好结。

3.收尾：编织完成后，小心取下经线，在作品两头打结固定。

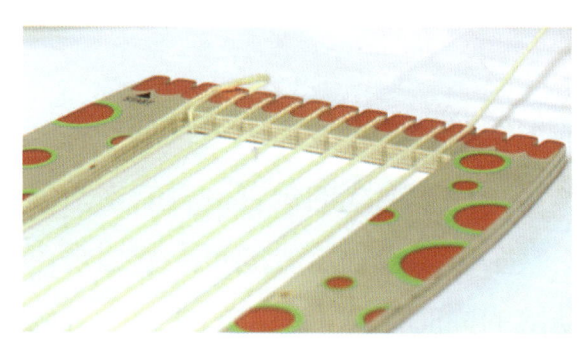

温馨提示：

1.编织过程中，线不要拉得太紧，和经线两端平齐即可，这样编出来的作品才更均匀美观。

2.梭子来回穿梭一次后，可以用梳子梳理纬线，让编织好的纬线更加紧密，让作品更加整齐。

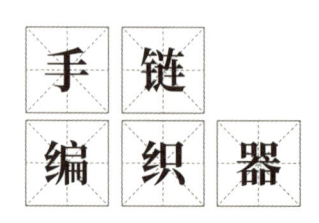

手链编织器

手链编织器包含一个圆形的编织盘和一个方形的编织盘。将一定数量的线卡入凹槽，再按照特定规律交换线的位置，就能逐渐编出具有纹理的圆绳链或扁绳带。整个编织过程需要老年人掌握规律并保持专注，让老年人在动手动脑的同时保持了思维的清晰，带领老年人回忆旧时传统的手链编织技艺。

一、康养目标

9大健智锻炼：

☑ 注意力训练　　☐ 判断识别能力训练　　☐ 记忆力训练
☐ 表达能力训练　☐ 理解能力训练　　　　☐ 计算能力训练
☐ 逻辑能力训练　☑ 精细活动训练　　　　☑ 整体协调训练

二、材料准备

手链编织器（方形/圆形），不同颜色的毛线，剪刀，铃铛、珠子等装饰。

三、圆形编织器操作方法

1. 将7根相同长度的毛线理顺放在一起，一端对齐，打结固定。

2. 将打好的绳结穿过编织器中央圆孔，7根线朝一个方向依次固定在编织器凹槽里，把线拉紧。

3. 从没有放线的凹槽开始数到第三个凹槽，把线放入没有放线的凹槽，然后旋转编织器，重复间隔两个凹槽放线，作品就会从编织器中央圆孔处呈现。

4.编到适当的长度后将所有线从凹槽上取下，打结固定。

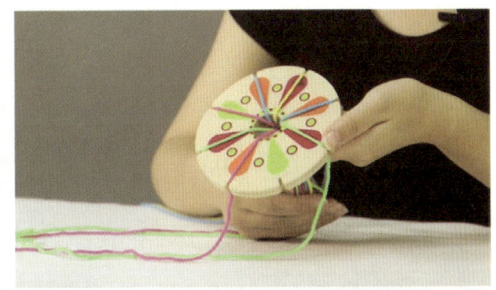

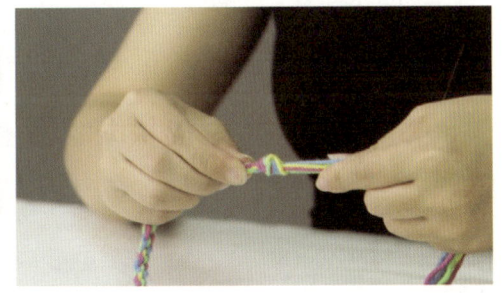

温馨提示：

1.可以根据喜好选择毛线配色。

2.编织过程中，最好一边编织，一边将还没有编织的毛线理顺，防止毛线打结。

四、方形编织器操作方法

1.选出自己喜欢的毛线颜色，剪取一定长度，准备编织。编织要用到两种颜色的毛线，一种7根，一种8根，另外还要2根更长的毛线。

2.将所有毛线放在一起，一端打结，放入方形编织器中央。将长毛线放在左右两个卡槽内，8根同色毛线逐一放入上方卡槽，7根同色毛线放入下方卡槽，留出下方第一个卡槽。

游戏篇

121

3. 将上方第一根毛线放入下方第一个卡槽，下方第二根毛线放入上方第一个卡槽，这样依次交换上下毛线。

4. 所有毛线交换过一次后，交换左右两侧的毛线，继续重复交换上下方的毛线。不断重复，即可织出越来越长的手链。

5. 结束时，将毛线从编织器上取下打结，即可完成一条宽扁的绳带。

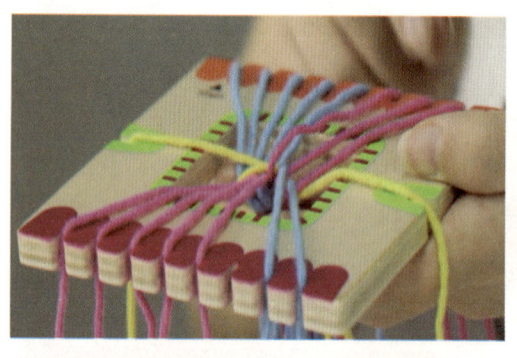

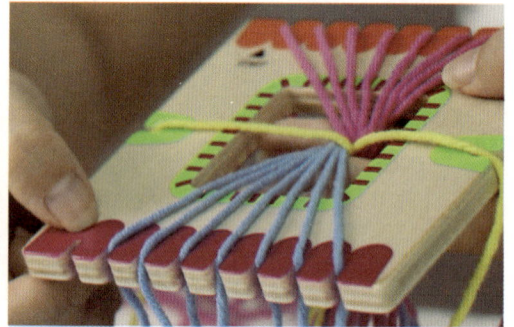

温馨提示：

1. 编织过程中，最好一边编织，一边将还没有编织的毛线理顺，防止毛线打结。

2. 毛线上可以穿入铃铛、珠子等作为装饰。

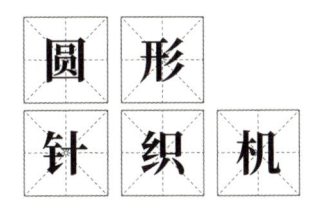

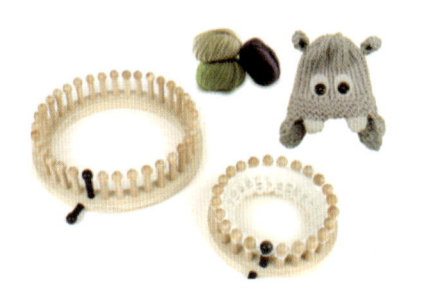

圆形针织机

圆形针织机分大小两种规格，可以用于帽子、围脖的编织。利用圆形针织机编织相比棒针和钩针编织操作简单，适合编织新手操作，培养编织兴趣，陶冶情操，保持大脑思维和手部动作的灵活。

一、康养目标

9大健智锻炼：

☑ 注意力训练　　☐ 判断识别能力训练　　☐ 记忆力训练
☐ 表达能力训练　☐ 理解能力训练　　　　☐ 计算能力训练
☐ 逻辑能力训练　☑ 精细活动训练　　　　☑ 整体协调训练

二、材料准备

圆形针织机、钩针、剪刀、粗毛线。

三、操作方法

1. 将毛线一端固定在圆形针织机侧面的黑色圆钉上，再将毛线由内向外依次缠绕在圆形针织机上面的圆钉上。缠绕的时候不要太紧，方便之后挑线。

游戏篇

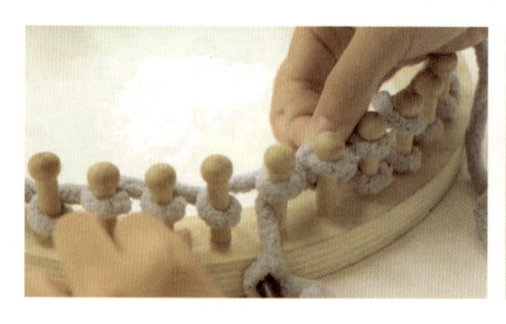

2. 缠绕完一圈后，再次由内向外缠绕毛线。缠绕的过程中，依次将底层的毛线翻到新的毛线圈上方，让圆钉上只留下一层毛线。

3. 重复绕线、挑线，直到圆形针织机中央已经织出了足够长度的毛线。

4. 依次从圆形针织机的圆钉上取下毛线，用一根毛线穿过之前套在圆钉上的毛线圈，再将毛线抽紧，两头打结即可。

温馨提示：

翻起毛线的操作可以利用钩针辅助完成。

小型编织机

小型编织机利用了传统的梭织技艺，也就是将经线和纬线相互垂直交织在一起形成织物。编织机配有梭子和梳子，并且通过调节编织机上方的旋钮就可以自动分线，操作简便。老年人可以自由发挥创意，编织杯垫、壁挂、腕带、小包等丰富多样的作品。轻松愉快的编织活动带领老年人回忆过去传统的编织技艺，鼓励老年人动手动脑、修身养性，提升艺术审美，延缓认知衰老。

一、康养目标

9大健智锻炼：

☑ 注意力训练　　☐ 判断识别能力训练　　☐ 记忆力训练
☐ 表达能力训练　☐ 理解能力训练　　　　☐ 计算能力训练
☐ 逻辑能力训练　☑ 精细活动训练　　　　☑ 整体协调训练

二、材料准备

小型编织机、不同材质的毛线、剪刀。

三、操作方法

1. 打底：将毛线一头打结固定在小型编织机一角，以城墙线的绕法上下依次缠绕在编织机上，最后在编织机另一角打结固定。绕线时可以稍紧一些，方便编织。

2. 穿梭：转动分线器线轴（编织器上方绿色旋钮），将打底线（经线）分成上下两部分。

游戏篇

选择喜欢的毛线绕在梭子上，在经线上打结固定后，将梭子从上下的打底线中间穿过，再用梳子梳理。

再次转动分线器线轴，交换打底线的上下位置，接着把梭子从打底线中间穿回来。

重复转动分线器线轴，来回穿梭，编织造型。

3. 穿梭编织过程中，可变换毛线颜色，编织出不同的花纹。

4. 编织完成后，将经线从小型编织机凹槽上取下，头尾打结固定，或用木棒依次穿过经线线圈固定。

温馨提示：

1. 编织过程中，线不要拉得太紧，和经线两端平齐即可，这样编出来的作品才更均匀美观。

2. 除了毛线，也可使用丝带、蕾丝等材料自由穿在或绑在经线上，丰富作品样式。

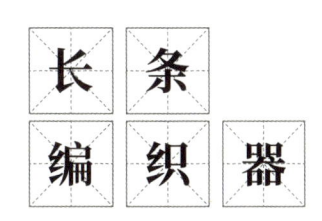

长条编织器

长条编织器适合初学者学习编织。它相比钩针钩织和棒针针织更简单，只需反复绕线、挑线，就能编出围巾、腕带等平面作品，也可以通过缝合制作小包等作品，实用又美观。编织过程需要保持耐心和专注，有助于老年人陶冶情操、锻炼大脑灵活性和对手部小肌肉的控制。

一、康养目标

9大健智锻炼：

☑ 注意力训练	☐ 判断识别能力训练	☐ 记忆力训练
☐ 表达能力训练	☐ 理解能力训练	☐ 计算能力训练
☐ 逻辑能力训练	☑ 精细活动训练	☑ 整体协调训练

二、材料准备

长条编织器、两种颜色的毛线、剪刀、钩针。

三、操作方法

1. 取一根毛线，线头先卡在长条编织器一侧凹槽内，再将毛线由内向外S形缠绕在长条编织器的钉上，作为打底线。多余的线卡在另一侧凹槽内。

2. 取另一种颜色的毛线，同样先卡住线头，再在底线上方缠绕城墙线（与底线缠绕方式不同），余线卡在凹槽内。

3. 用钩针依次将下面一层底线挑上来，套住上面的毛线。操作

游戏篇

时注意避免遗漏。再拿起第一种线绕一层城墙线，即挑起什么颜色的线就绕什么颜色的线。重复绕线和挑线，编织器下方就会出现越来越长的作品。

4. 编到合适的长度后（编织围巾至少需要可以绕脖子两圈），将编织器一侧的毛线套到另一侧毛线上，挑起下面一层毛线，让线圈变成一排；再依次左右套线、挑线，直到所有线圈都从编织器上取下，围巾就做好了。（也可以直接让余线依次穿过所有线圈，最后打结收尾）

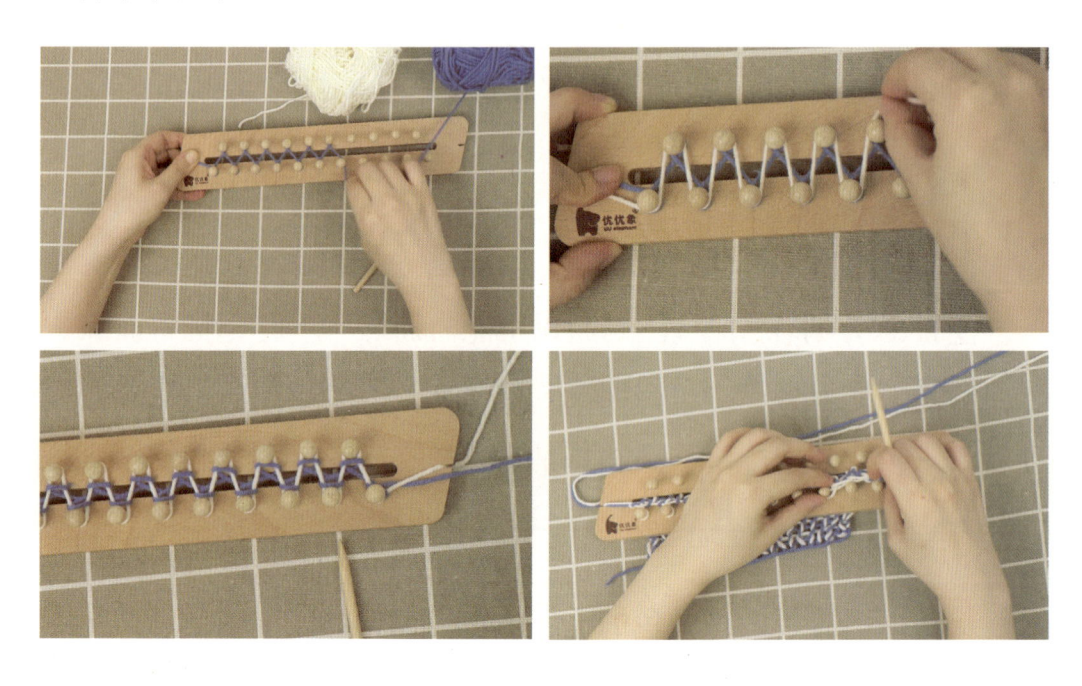

温馨提示：

1. 挑线时，可以先从左到右挑完上排的线，再从左到右挑完下排的线，避免遗漏。

2. 最初卡在凹槽中的两条线头可相互打结固定。留出的线头可以用钩针藏在其他毛线圈里。

趣味运动

生命在于运动。适量的运动不仅可以提高身体素质、改善心肺功能、增加体内氧气运输、促进新陈代谢等，对大脑也有非常明显的益处，如增加脑血流量、提高大脑内氧摄取和葡萄糖利用、促进生长因子的生成、改善血管生成和增加神经发生，以及降低氧化应激等。运动已被证明可以降低阿尔茨海默病的发生风险或缓解其发展进程。

趣味运动选取了运动量适中、操作简便、趣味性强的运动项目，鼓励老年人与同伴一同参与到丰富多样的运动之中，让老年人轻松玩起来，快乐动起来。

弯道弹射棋

弯道弹射棋利用了橡皮筋拉伸时产生的弹力，使得棋子可以在棋盘上走出一个弧线，进入棋盘一侧的计分区域。玩家需要控制拉伸橡皮筋的力道，让棋子尽可能停留到理想的位置，获得更高的分数。而随着游戏的进行，场上的棋子数量也会逐渐增加，改变原有棋子的得分。因此整个游戏局面变化迅速，充满紧张刺激。

游戏过程中，玩家可以根据棋子所在的位置自行计算得分。根据得分，玩家可以了解当前的局势，并随时调整策略，改变弹射棋子的力度来让自己的分数更高。整个游戏既锻炼了玩家的动手能力，也锻炼了玩家的计算能力，规划能力，动手动脑，乐趣无穷。

一、康养目标

9大健智锻炼：

- ☑ 注意力训练
- ☐ 判断识别能力训练
- ☐ 记忆力训练
- ☐ 表达能力训练
- ☐ 理解能力训练
- ☑ 计算能力训练
- ☐ 逻辑能力训练
- ☐ 精细活动训练
- ☑ 整体协调训练

二、游戏准备

双人竞赛或团队竞赛前，猜拳决定先后顺序，选定双方所用的棋子颜色，游戏即可开始。

三、玩法详解

玩法一：单人弹射挑战

　　玩家站在棋盘发射区一侧，将一枚棋子放在橡皮筋前。接着用适当的力度向后拉伸橡皮筋，再找准时机松手，棋子就会弹射出去，经由棋盘上方的橡皮筋进入得分区域。棋子停留区域所标示的数字，就是棋子的得分。

　　用同样的方法继续弹射同一颜色的棋子，直到所有棋子都完成弹射。计算场上棋子的总分。分数越高，成绩越好。

　　单人弹射挑战可以作为老年人平时的练习，帮助老年人熟悉弯道弹射棋的玩法，掌握弹射棋的技巧，提升手眼协调能力和数学计算能力。在多人竞赛前，老年人也可以依次进行单人挑战，尝试弹射一枚棋子，作为热身。

玩法二：双人弹射竞赛

　　两名玩家决定棋子颜色和先后顺序之后，轮流弹射棋子，计算棋子得分。玩家每轮只能弹射一枚棋子，并且不能触碰棋盘上的其他棋子。弹射出的棋子可以通过撞击将其他棋子撞出得分区域，因此游戏进行中，双方分数会随时改变。

　　当双方棋子都弹射完毕后，游戏结束，此时同种颜色的棋子分数相加就是本次竞赛的总分。比较双方得分，分数高的一方获胜。

玩法三：团队弹射竞赛

　　所有玩家分成两队，每队每轮派出一名队员上场，轮流弹射棋子，尽量使己方棋子留在更高的得分区。双方棋子弹射完毕后，计算各自棋子所得分数之和，分数高的一队获胜。

乒乓球

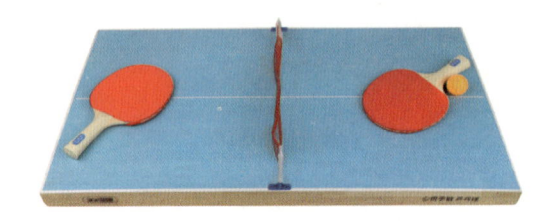

乒乓球被誉为中国的国球，是一项世界流行的球类体育项目。它起源于19世纪末的英国，相传由网球运动演变而来，因此也叫"桌上网球（Table Tennis）"。后来，人们根据它打击时发出的声音"ping pong"给它命名，音译过来，就是我们熟悉的乒乓球。

打乒乓球需要一定的技巧，还需要手、眼、脑的协调配合，可以锻炼老年人的综合能力。乒乓球运动强度适中，全身肌肉都可以得到活动，有助于老年人身体的血液循环和新陈代谢，让老年人保持身心愉悦和健康。

不过，运动虽好，也要适度。即使没有觉得很疲劳，还是建议老年人经常停下来休息一下，避免运动过量导致身体不适。捡球时可以慢一些，勿猛下猛起导致受伤。打球以休闲切磋为主，避免过强的胜负欲，勿让情绪过于激动。

一、康养目标

9大健智锻炼：

☑ 注意力训练　　☑ 判断识别能力训练　　☐ 记忆力训练
☐ 表达能力训练　　☐ 理解能力训练　　　　☐ 计算能力训练
☐ 逻辑能力训练　　☐ 精细活动训练　　　　☑ 整体协调训练

二、游戏准备

乒乓球撞击游戏为二合一棋盘。将棋盘翻到乒乓球一面，中间安装球网，取出球拍和乒乓球，即可开始游戏。记分牌可以帮助玩家计分。

三、玩法详解

乒乓球为双人运动。双方猜拳/猜硬币决定发球顺序。发球者用球拍将乒乓球击打出去，球必须先接触桌面，然后越过球网触及对方桌面，若球触网就必须重发。

对方发球或还击后，本方必须用球拍击球，让球越过球网（包括触及球网）触及对方桌面。如果不能有效发球或还击，就会被判丢掉1分，让对方得分。

一局比赛中，先得到11分的为胜方。如果比赛出现了10平，则先多得2分的一方为胜方。

一场比赛通常采用七局四胜制或五局三胜制。游戏双方可以根据自身身体情况决定赛制。

撞击游戏

撞击游戏的玩法来源于冰球运动，也可以称为"桌面冰球"。

冰球起源于19世纪五六十年代的加拿大。游戏在冰面上进行，球员手握曲棍，身着护具，脚踏冰刀，互相追逐击打一个扁圆柱形的冰球，以将球击入对方球门作为得分目标。球员兼具多变的滑冰技艺与敏捷的曲棍球技艺，让比赛对抗性强且极具观赏性。

冰球的场地由一道中央红线（中线）分为前后半场。中线两侧各有一道蓝色分区线，又将球场分为攻区、中区和守区。撞击游戏的桌面就是将冰球的场地缩小后设计的。不同于冰球场上多名球员相互配合，撞击游戏中双方只有一个手柄用于击球，主要考验了玩家的反应敏捷性与动作灵活性。游戏运动量适中，节奏明快，充满对抗性与趣味性，非常适合老年人与同伴游戏，促进情感交流。

一、康养目标

9大健智锻炼：

☑ 注意力训练　　☑ 判断识别能力训练　　☐ 记忆力训练
☐ 表达能力训练　　☐ 理解能力训练　　　　☐ 计算能力训练
☐ 逻辑能力训练　　☐ 精细活动训练　　　　☑ 整体协调训练

二、游戏准备

撞击游戏为二合一棋盘。将棋盘翻到撞击游戏一面，摆上两个手柄和一个球（滑片）即可开始游戏。记分牌可以帮助玩家计分。

三、玩法详解

撞击游戏为双人游戏。开始前，两名玩家分别站于桌子两端，将球放在中线的正中央。玩家可以使用手柄将球推向对方的球门，若球成功进入对方球门，则得分。

游戏分上下半场，每个半场2分钟。比赛结束后，得分高的一方获胜。若双方打平，可以进行1分钟的加时赛。

比赛中，手柄必须保持在桌面上，不能拿起来。玩家也不可以用手碰球。若犯规，则判对方获得一个任意球机会。

弹 射 棋

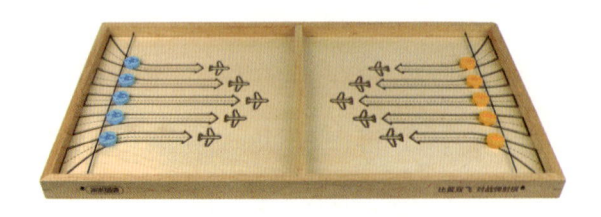

弹射棋是一款和时间赛跑、与速度对决的桌面游戏，主要考验玩家的反应力和手眼协调能力。借助棋盘两端的橡皮筋，玩家可以将棋子弹射出去，穿越位于棋盘中央的球门。瞄准的目标越精确，弹射的力道越恰当，越容易取得胜利。比起单人练习，双人或团队竞技可以让场上局面富有更多变化，更具挑战，更加紧张刺激。在欢乐趣味的游戏竞技中，老年人的眼力、脑力、动作能力、合作能力等得到了锻炼，同伴间的交往更加亲密顺畅，健康快乐的老年生活得到了实现。

一、康养目标

9 大健智锻炼：

- ☑ 注意力训练
- ☐ 判断识别能力训练
- ☐ 记忆力训练
- ☐ 表达能力训练
- ☐ 理解能力训练
- ☐ 计算能力训练
- ☐ 逻辑能力训练
- ☑ 精细活动训练
- ☑ 整体协调训练

二、游戏准备

将球门木板卡到棋盘中央的凹槽内，将两种颜色的棋子分别放在棋盘两端区域，游戏即可开始。

球门木板有三种规格，球门（即木板中央的凹槽）从大到小。球门越大，弹射入门的难度越小。玩家可以根据自身情况选择合适大小的球门开始游戏。

三、玩法详解

玩法一：单人弹射挑战

玩家站在棋盘一侧，依靠面前橡皮筋的弹力，瞄准球门发射棋子，使得棋子可以穿过球门，进入对面的区域。弹射失败可以反复尝试，直到将所有的棋子弹射到对面区域，游戏结束，记录所用的时间。

单人弹射挑战可以作为老年人平时的练习，帮助老年人熟悉弹射棋的玩法，掌握弹射棋的技巧，锻炼手部力量，提高观察注意能力和手眼协调能力。在多人竞赛前，老年人也可以依次进行单人挑战，尝试弹射一枚棋子，作为热身。

玩法二：双人弹射竞赛

两名玩家分别站在棋盘两端，各自持有一种颜色的棋子。

游戏开始后，玩家以最快的速度瞄准球门，利用橡皮筋弹射棋子，将己方棋子送入对方区域，同时避免对方棋子进入己方区域。过程中弹射的次数不限。

最先让己方棋子全面占领对方区域的一方获胜。

玩法三：团队弹射竞赛

所有玩家分成两队分别站在棋盘两端，每队持有一种颜色的棋子。

两队队长（第一个出场的玩家）猜拳决定先后顺序，之后两队队员轮流瞄准球门弹射棋子，将己方棋子送入对方区域。

每轮弹射，双方需各自派出一名队员上场，并且每轮只能弹射一次。

两队队员轮流上场弹射棋子，直到一方的棋子全部进入对方区域，则为获胜。

保龄球

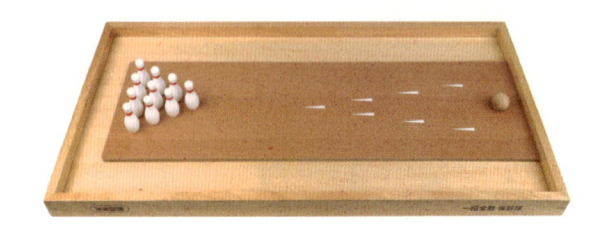

保龄球是一种将球投掷在木板球道上，让球滚动以击倒木瓶的室内体育运动。这项运动历史悠久，原型可追溯到古埃及。现代保龄球运动的起源则是3—4世纪出现在德国的"九柱戏"。随着时代发展，保龄球运动不断演化和传播，如今在欧美和亚洲一些国家非常流行，可见其强大的生命力。

保龄球上手简单，技巧性强，运动量适中，非常适合老年人作为平时的休闲娱乐。它既能锻炼老年人的观察力、专注力和手眼协调能力，也有助于老年人保持身体动作的协调，促进老年人与同伴交流，加深友谊。

一、康养目标

9大健智锻炼：

- ☐ 注意力训练
- ☑ 判断识别能力训练
- ☐ 记忆力训练
- ☐ 表达能力训练
- ☐ 理解能力训练
- ☑ 计算能力训练
- ☐ 逻辑能力训练
- ☐ 精细活动训练
- ☑ 整体协调训练

二、游戏准备

保龄球游戏配有十个球瓶和三种不同规格的球。球的直径越大，重量越大，越容易击中球瓶。玩家可以根据自己的实际情况选择合适大小的球，循序渐进。

开始投掷前，需要将十个球瓶分别放在木板球道的黑点位置。

老年人如果遇到捡球、捡球瓶的情况，动作可以慢一些，避免疲劳或受伤，也可以邀请工作人员进行协助。

三、玩法详解

玩法一：单人练习

玩家先将球瓶放在黑点标注的位置，再站在另一端向球道投掷保龄球，使球可以沿着球道滚动，击倒尽可能多数量的球瓶。若一次投掷没有击倒所有球瓶，可以重复投掷，直到所有球瓶被击倒。投掷的次数越少，用时越短，说明成绩越好。

单人练习可以重复进行，帮助玩家熟悉保龄球的游戏过程，锻炼保龄球的投掷技巧，努力做到球随心动、指哪打哪。

玩法二：多人对抗

几名玩家轮流投掷保龄球。每次投球前，十个球瓶都要重新放回黑点标注的位置，便于计分。每次投掷，击倒几个球瓶，就记为几分。根据玩家人数商定比赛轮次（如5轮、10轮），结束后计算每个人所有轮次中的总分，根据总分高低决定名次。

除了各自为战，玩家也可以分成小组进行小组对抗，按照小组总分高低决定名次。

台 球

台球是一项盛行于全球的高雅室内体育运动，距今已有五六百年的历史。它的基本玩法就是利用一根球杆，按照特定的规则击打主球，让主球撞击目标球，使目标球滚入球洞得分。

台球运动"静中有动、动中有静、急中见稳"。玩家既要不断走动，观察合适的击打顺序、击打位置、击打角度，还要不断思考、计算，争取更好的成绩。整个过程既锻炼了身体的协调性、灵活性，促进血液循环，加强新陈代谢，也锻炼了思维的敏捷性。在反复收腹弯腰、瞄准撞击的过程中，身体和精神不断经历紧张与放松状态的转换，肢体和神经都可以得到活动和调节。

一、康养目标

9大健智锻炼：

- ☐ 注意力训练
- ☑ 判断识别能力训练
- ☐ 记忆力训练
- ☐ 表达能力训练
- ☐ 理解能力训练
- ☑ 计算能力训练
- ☐ 逻辑能力训练
- ☐ 精细活动训练
- ☑ 整体协调训练

二、游戏准备

台球游戏配有球杆2根，主球1个，目标球15个，三角架1个。开始游戏前，需要利用三角架将15个目标球彼此紧贴，排列成三角形。

三、玩法详解

台球玩法多样。国内最流行的打法是 8 球制台球，也叫十六彩球。

比赛中，要用到白色的主球和 15 个写有数字的目标球。1~7 号球为全色球，8 号球为黑色球，9~15 号为花色球。摆球时，要求 8 号球位于三角形的中心，三角形的底边两端分别放置一颗全色球和一颗花色球，其他目标球随意摆放，但必须彼此紧贴。

两名选手参与比赛，比赛前确定开球顺序，由一方开球。至少一颗目标球入洞或四颗目标球触碰库边才为合法开球。若有目标球入洞，开球方可以继续击球。

击球前，选手必须表明他选择击打的一组色彩球（全色球或花色球）作为合法目标球。如果选手合法地击入该色球，那么这种球组属于该选手，另一组球属于他的对手。如果选手没有合法击入球，那么球局依然开放，换对手击球。

在合法击球后，没有犯规，能留在台面上继续击球的就是继续击打。选手击入 7 颗合法目标球，再击入 8 号球，就获得了本局的胜利。如果没能将球击入，则保持台面上球的位置，换对手继续击球。

如果比赛过程中，有一方中途将 8 号球击落，或将 8 号球击离台面，则对方获胜。

出现这些情况属于犯规，对方可以获得自由击球权，也就是将主球放于台面任意位置开始击球。

（1）主球入袋或离开球台；（2）主球先接触非法目标球；（3）台面上有球尚未完全静止时击球；（4）球员击球瞬间双脚同时离地；（5）目标球离开台面；（6）非法碰触球；（7）连击；（8）推杆。

桌 上 足 球

桌上足球是一种在桌面上进行的足球游戏。它的规则来源于足球，并且也和足球一样成为一项风靡全球的全民健身体育运动。

桌上足球将广阔的足球赛场浓缩到了桌面上。各队的 11 名球员全部掌控在玩家一人之手。玩家既要做优秀的前锋，瞅准时机射门得分，又要做可靠的后卫、门将，阻挡对方进攻，一次次化险为夷。手、眼、脑灵活运转、协同配合，就能展现出足球运动中接球、停球、传球、射门等进攻、防守技巧，颇具技巧性与趣味性。

桌上足球运动量适中，有助于老年人活跃身体，促进血液循环，同时锻炼老年人的手眼协调能力和反应速度，促进老年人社会交往。

一、康养目标

9 大健智锻炼：

- ☑ 注意力训练　　☑ 判断识别能力训练　　☐ 记忆力训练
- ☐ 表达能力训练　☐ 理解能力训练　　　　☐ 计算能力训练
- ☐ 逻辑能力训练　☐ 精细活动训练　　　　☑ 整体协调训练

二、游戏准备

桌上足球对正式的足球游戏进行了简化。游戏一般为双人游戏，双方玩家各自最多可以操纵三根操纵杆。操纵杆可以卡入桌面两侧的凹槽，并由两块固定板固定。操纵杆越少，需要操作的球员就越少，相对来说注意力可以更加集中，操作更加简单。玩家可以根据自身情况，商定各自使用几名球员进行比赛。随着对游戏的熟悉，玩家可以逐渐增加操纵杆的数量，提升游戏的挑战性。

开始游戏前，玩家需要将一定数量的操纵杆卡在桌面凹槽上，并放上固定板固定。接着在桌面两端各自插入一块球门木板，准备好足球，游戏即可开始。记分牌可以帮助玩家记录得分。

三、玩法详解

1. 游戏规则：

游戏可分二人对打制、一人对二人制、二人对二人制三种玩法。多人游戏时，需要两名玩家相互配合，共同操作己方的操纵杆。比如可以一人负责操纵进攻队员，一人负责操纵防守队员。

双方玩家通过操纵杆控制球员，使用推、拉、旋转的动作，或做出各种不同技巧进行直接或间接的攻击和防守。

首次开球由任一方于中场抛入，进球后由输者在中场进行第二次开球。

足球如果停在场中不动或跳出桌面，由开球者再次开球或将足球置于靠近一角的高处，使足球自然滚动，此为边球或角球。

游戏使用三局两胜制。每次游戏进行三局，每局十球，先进十个球的一方胜一局，先赢两局的一方获胜。玩家也可以根据自身情况调整比赛规则，如采用五局三胜制，或规定比赛时间，在规定时间内进球多的一方获胜。

2. 基本玩法：

传控球：玩者通过操纵杆控制球员，可以前、后、左、右不同角度传球，当足球通过球场两边或球员脚底时可用球员将球压住进行再次传球，也可用球员将球挡住，用以上方法可以组织有效攻击或防守。

后排进攻：当玩者在后场用球员控制住球时，将己方中锋和前锋球员调至头下脚上位置，然后操纵后卫球员直接射门。

点球：将足球放于进攻一方的前锋处，被罚一方只能用守门员防守，不得用后卫球员防守。

射门：在比赛过程中，当己方控制住球时，可尝试多种方式、角度的射门。

一击制胜投壶

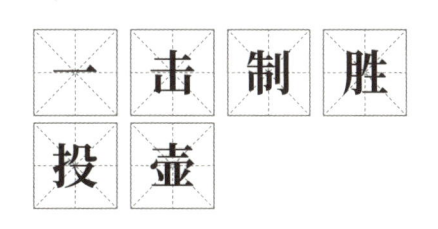

投壶是中国的一项传统体育项目。顾名思义，它的基本玩法就是将箭投入一个特制的壶中，根据箭投中的数量和位置计分，投中多的为胜。

在中国古代，投壶是士大夫宴饮时常做的一种投掷游戏，也是一种礼仪。这项游戏盛行于战国时期，并在唐朝发扬光大。宋代文学家欧阳修的名篇《醉翁亭记》中提到的"射"，指的就是"投壶"这个游戏。北宋金石学家吕大临在《礼记传》中介绍道："投壶，射之细也。燕饮有射以乐宾，以习容而讲艺也。"

一、康养目标

9大健智锻炼：

- ☑ 注意力训练
- ☐ 判断识别能力训练
- ☐ 记忆力训练
- ☐ 表达能力训练
- ☐ 理解能力训练
- ☑ 计算能力训练
- ☐ 逻辑能力训练
- ☐ 精细活动训练
- ☑ 整体协调训练

二、游戏准备

投壶游戏有配套的地贴。固定地贴后，将投壶放在地贴上指定的位置，拿好箭，站于起始线后，玩家即可开始游戏。

三、玩法详解

投壶游戏可以单人进行，也可以多人轮流进行，比赛得分高低。

玩家根据地贴上的提示，与壶保持一定距离（50cm/100cm/200cm），向壶投箭，射中得分，5支箭为一轮。注意，一次只能投出一支箭，否则成绩无效。

计分时，投中壶口计1分，投中壶耳计2分。若箭投中壶耳后掉落地上，分数正常计算；若箭投中壶口后弹出，掉落地上则不计分。

计算每名玩家投掷5支箭后获得的总分，得分高者获胜。

根据玩家的水平，投壶游戏可以设置不同的难度级别：

初级，玩家距离投壶50cm；

中级，玩家距离投壶100cm；

高级，玩家距离投壶200cm。

随着越来越熟练，玩家可以逐步提升难度等级，进阶挑战。

壶中计1分　　　　　　壶耳计2分

正中下怀套圈

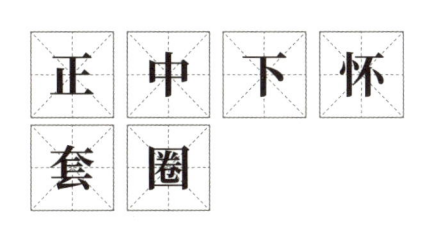

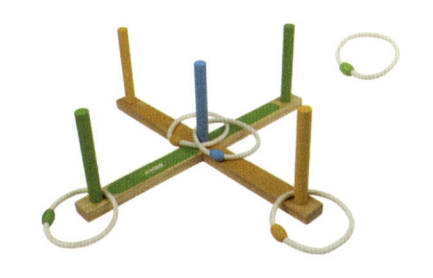

套圈是一项传统民间游戏，常见于庙会、路边商贩，历来受到老百姓的喜爱。游戏规则简单，运动量适中，仅需瞄准目标位置，将绳圈抛掷出去即可，老少皆宜，适合家庭游戏或聚会游戏，增进玩家之间的感情。

套圈具有一定的技巧性，需要玩家保持专注，手眼配合，全身动作协调，掷出完美抛物线，才有可能投中目标，顺利得分。因此套圈游戏可以充分锻炼肢体协调性以及手脚的肌肉韧性，强化身体机能，提升专注力。

一、康养目标

9 大健智锻炼：

- ☑ 注意力训练
- ☑ 判断识别能力训练
- ☐ 记忆力训练
- ☐ 表达能力训练
- ☐ 理解能力训练
- ☐ 计算能力训练
- ☐ 逻辑能力训练
- ☐ 精细活动训练
- ☑ 整体协调训练

二、游戏准备

套圈游戏有配套的地贴。固定地贴后，将立柱放在地贴上指定的位置，拿好 5 个套圈，站于起始线后，玩家即可开始游戏。

三、玩法详解

套圈游戏可以单人进行，也可以多人竞技，轮流投掷，比赛得分高低。

游戏可根据玩家水平，设定一定的距离（50cm/100cm/200cm），距离越近，挑战越简单。玩家站在起始线后，向立柱投掷套圈。每人每轮可以投掷 5 个套圈，且一次只能投掷 1 个套圈。若一次投掷多个套圈，则成绩无效。

立柱共有五根，投中立柱就可以得分。一轮游戏结束后，计算每名玩家获得的总分，分数高者获胜。分数相同情况下，用时少的玩家获胜。

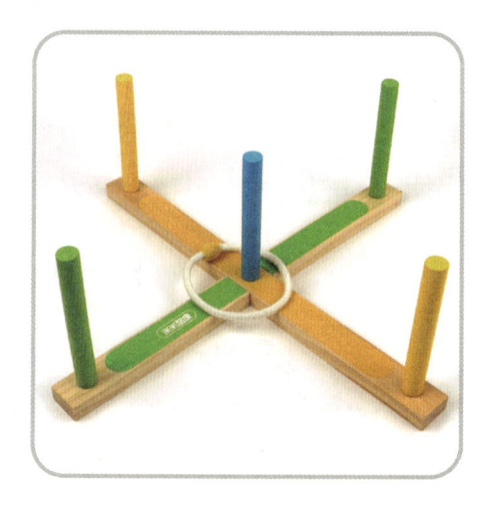

立柱计 1 分 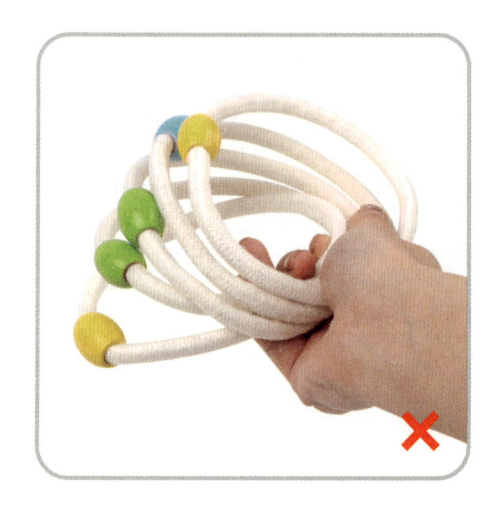　　　　　　　无效套圈

沙包

沙包是一款童年经典的怀旧游戏，也是一项综合性体育运动。游戏中的定向投掷动作可以锻炼大肌肉，提高身体灵活性。简单易学的游戏规则，方便易操作的游戏方法，让沙包游戏深受各年龄层人群的喜爱，老少皆宜，欢乐无穷。

一、康养目标

9 大健智锻炼：

- ☑ 注意力训练
- ☑ 判断识别能力训练
- ☐ 记忆力训练
- ☐ 表达能力训练
- ☐ 理解能力训练
- ☐ 计算能力训练
- ☐ 逻辑能力训练
- ☐ 精细活动训练
- ☑ 整体协调训练

二、游戏准备

沙包游戏配有配套的地贴。放好门洞板，固定地贴之后，玩家就可以拿着沙包站在起始线后进行投掷。

三、玩法详解

沙包游戏可以单人进行练习，也可以多人竞技或团队比赛。

游戏可根据玩家水平，设定一定的距离（50cm/100cm/200cm），距离越近，挑战越简单。

游戏中，玩家需要设法将沙包投入面前的门洞内。顺利投入洞中的沙包越多，成绩越好。投掷时，一次只能投掷一个沙包，否则成绩无效。

两人或两组竞赛时，双方拿取不同颜色、相同数量的沙包，轮流投掷，有更多沙包入洞的一方获胜。

参考文献

[1] STILES J, JERNIGAN T L. The basics of brain development[J]. Neuropsychology review, 2010, 20(4):327–348.

[2] PETERS R. Ageing and the brain[J]. Postgraduate medical journal, 2006, 82(964):84–88.

[3] ROSENZWEIG M R, & BENNETT E L. Psychobiology of plasticity: Effects of training and experience on brain and behavior[J]. Behavioural brain research, 1996, 78(1): 57–65.

[4] BLACK J E, ISAACS K R, ANDERSON B J, et al. Learning causes synaptogenesis, whereas motor activity causes angiogenesis, in cerebellar cortex of adult rats.[J]. Proceedings of the national academy of sciences of the United States of America, 1990, 87(14):5568–5572.

[5] HOPSON J. A love affair with the brain: A PT conversation with Marian Diamond[J]. Psychology today, 1984, 11:62–75.

[6] 陈君杰. 爱玩的人更长寿[J]. 老年教育（长者家园），2013, 000(012):76–77.

[7] ALTSCHUL D M, DEARY I J. Playing analog games is associated with reduced declines in cognitive function: A 68-year longitudinal cohort study[J]. The journals of gerontology: Series B, 2019, 75(3):474–482.

[8] LAURITZEN M, HENRIKSEN L, LASSEN N A. Regional cerebral blood flow during rest and skilled hand movements by

Xenon-133 inhalation and emission computerized tomography[J]. Journal of cerebral blood flow & metabolism, 1981, 1(4):385–389.

[9] 王连伟. 鼻腔喷剂疗法可望摆脱痴呆困扰（健康互联网）[N]. 人民日报海外版, 2017–05–16(9).

[10] KO J H, PTITO A, MONCHI O, et al.Increased dopamine release in the right anterior cingulate cortex during the performance of a sorting task: A [11C]FLB 457 PET study[J].NeuroImage, 2009, 46(2):516–521.

[11] WU Z, PANDIGAMA D H, WRIGGLESWORTH J, et al. Lifestyle enrichment in later life and its association with dementia risk[J]. JAMA network open. 2023,6(7):e2323690.

[12] 李伟, 肖世富. 多巴胺系统对阿尔茨海默病患者认知功能影响的研究进展 [J]. 中华临床医师杂志（电子版）, 2015,9(20):3750–3753.

[13] 中华人民共和国民政部. 2022年度国家老龄事业发展公报[EB/OL].(2023–12–14)[2024–02–06]. https://www.mca.gov.cn/n152/n165/c1662004999979996614/attr/315138.pdf.

[14] 人民网. 我国预计2035年左右进入重度老龄化阶段60岁及以上老年人口将突破4亿[EB/OL]. (2022–09–20)[2024–02–06]. http://health.people.com.cn/n1/2022/0920/c14739-32530182.html.

[15] REN R, QI J, LIN S, et al. The China Alzheimer report 2022[J]. General psychiatry, 2022, 35(1):e100751.

[16] 新华网. 2030年我国老年痴呆患者预计达2220万[EB/OL].(2021–05–21)[2024–02–06]. http://www.xinhuanet.com/politics/2021-05/12/c_1127438039.htm.

[17] NELSON P N. Rehabilitation of patients with cancer[M]// Kottke F J, Lehmann J F (Ed.). Krusen's handbook of physical medicine and rehabilitation 4th ed. Philadelphia: WB Saunders, 1990: 1102–1112.

[18] CROUS-BOU M, MINGUILLÓN C, GRAMUNT N, et al.Alzheimer's disease prevention: From risk factors to early intervention[J]. Alzheimer's research & therapy, 2017, 9(1):71.

[19] 国务院."十四五"国家老龄事业发展和养老服务体系规划 [EB/OL]. (2022-02-21)[2024-02-06]. https://www.mca.gov.cn/n152/n166/c45259/content.html.

[20] 张会君,张延红,张静.老年护理学 [M].南京：江苏凤凰科学技术出版社,2021:2.

[21] 国家卫生健康委员会.中国健康老年人标准：WS/T 802—2022 [S/OL]. [2023-06-26]. http://www.nhc.gov.cn/wjw/lnjk/202211/89cb032e5a4a4b5499dfa9f0d23243ff.shtml.

[22] DARBUTAS T, JUODŽBALIENĖ V, SKURVYDAS A, et al. Dependence of reaction time and movement speed on task complexity and age[J]. Medicina. 2013,49(1):18–22.

[23] 王丽敏,陈志华,张梅,等.中国老年人群慢性病患病状况和疾病负担研究 [J].中华流行病学杂志,2019, 40(3):277-283.

[24] SCHAIE K W. The course of adult intellectual development[J]. The American psychologist. 1994,49(4):304–313.

[25] CHAN D, GALLAHER LM, MOODLEY K, et al. The 4 mountains test: A short test of spatial memory with high sensitivity for the diagnosis of pre-dementia Alzheimer's disease[J]. Journal of visualized experiments. 2016,(116):54454.

[26] 浙江省民政厅，浙江省财政厅. 浙江省认知障碍照护专区改造实施方案 [EB/OL].(2022-03-11)[2023-06-26].http://nbmz.ningbo.gov.cn/art/2022/4/11/art_1229084741_1740782.html.

[27] RICHES S, AZEVEDO L, VORA A, et al. Therapeutic engagement in robot-assisted psychological interventions: A systematic review[J]. Clinical psychology & psychotherapy. 2022,29(3):857–873.

[28] 陈文勇，王涂路，李颖雯. 改良鸣天鼓治疗神经性耳鸣临床观察 [J]. 新中医，2011,43(06):120–121.

[29] EDWARDS J D, XU H, CLARK D O, et al. Speed of processing training results in lower risk of dementia[J]. Alzheimer's & dementia: Translational research & clinical interventions. 2017, 3(4):603–611.

[30] 彭华茂，王大华. 你好，我的白发人生：长寿时代的心理与生活 [M]. 北京：机械工业出版社，2022.

[31] POZZI F E, APPOLLONIO I, FERRARESE C, et al. Can traditional board games prevent or slow down cognitive impairment? A systematic review and meta-analysis[J]. Journal of Alzheimer's disease, 2023,95(3), 829–845.

[32] 许淑莲. 老年人视觉、听觉和心理运动反应的变化及其应付 [J]. 中国心理卫生杂志，1988,(3):136–138,140.

受版权保护，未经授权不得以任何形式（含电子或机械）方式，包括影印、录制、通稿信息存储、检索系统等进行复制或转载本书内容。

米米智康公众号